¡Bienvenidos a Amsterdam!
Un plano general de la capital de los Países Bajos para visualizar los
6 barrios más importantes expuestos en esta guía y localizar los 10 lugares
de interés imprescindibles, marcados con una estrella. Toda la información
práctica, planes y consejos para vivir al ritmo de la ciudad.

Descubrir Amsterdam a través de sus 6 barrios más importantes
A Centraal Station / Nieuwmarkt / Dam / Spui
B Islas del Oeste / Jordaan / Canales del norte
C Canales del sur / Singel / Leidseplein
D Canales del sur / Rembrandtplein / Amstel
E Vondelpark / Museumplein / De Pijp
F Waterlooplein / Plantage / Oosterdock

Para cada barrio, una selección de direcciones (restaurantes —clasificados por
orden creciente de precios—, cafés, bares, compras), lugares y monumentos
de interés turístico marcados con una estrella (★) y un mapa que, dividido en
cuadrículas (**A** B2), permite encontrar fácilmente cualquier dirección.

Transporte y hoteles de Amsterdam
Un mapa del transporte e información útil para desplazarse por la ciudad.
Una selección de hoteles clasificados por precios.

Índice
Ordenados alfabéticamente, todas las direcciones y lugares que se incluyen en
esta guía.

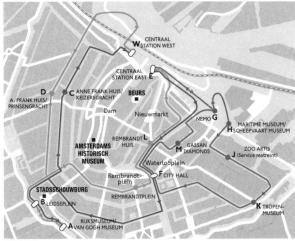

CANAL BUS

www.openmonumentendag.nl
Jornadas del patrimonio.
Festival de Jordaan
→ *2º sem., Jordaan*
www.jordaanfestival.nl
Actuaciones, conciertos,
danza, teatro en la calle...
Noviembre
**IDFA (Internationaal
Documentaires
Filmfestival Amsterdam)**
→ *Fin de mes, numerosos
cines, www.idfa.nl*
Uno de los festivales de
documentales más
importantes del mundo.
Cannabis Cup
→ *3º sem., durante 5 días*
www.cannabiscup.com
Premio a la mejor hierba, al
mejor *coffeeshop*...
Entrada 200 €: derecho
de votación, degustación...

PRESUPUESTO

Alojamiento
Aprox. 60 € por una
habitación sin baño, 80 €
con baño.

Museos
Entre 5 y 15 €. Abonos y
descuentos en vigor.
Restaurantes
Siempre más caros por la
noche (20 €). Platos de
precios razonables en los
numerosos cafés y fondas.
Bares y clubes
Consumiciones y entradas
bastante asequibles.

HORARIOS

Restaurantes
A excepción de las fondas
(aprox. 9-20 h) y pequeñas
cervecerías (aprox. 11-22 h),
muy pocos establecimientos
abren a mediodía. Se suele
cenar hacia las 18-20 h.
Servicio de 18 a 22 h (último
pedido).
Museos
Variable. Suelen abrir más
tarde el dom. (11-13 h).
Algunos cierran lun. y fest.
(25-26 dic., 1 enero, 30 abril
y, en los monumentos
judíos, Yom Kippur).

Tiendas
Variable. En general, lun.-
sáb., 9-18 h (sáb., 17 h), y
en el centro urbano, dom.,
12-17 h. A veces abren más
tarde los lun. (12 h).
Nocturnos
Jue., 21 h.

COMIDAS

Los precios a la carta
indicados en esta guía se
refieren a una comida
completa con bebida.
Cocina
Cocina tradicional muy
poco representada. Los
restauradores prefieren las
recetas internacionales más o
menos creativas. Numerosos
platos indonesios, chinos y
de Surinam.
Costumbres
El almuerzo se reduce a un
sándwich o a una
ensalada en un *eetcafé*
(cervecería) o un *grand
café*. La cena es la comida
principal.

ARQUITECTURA

**Renacimiento
holandés (ss. XVI-
XVII)**
Fachadas de ladrillo
rojo, campanarios o
pináculos
ornamentados
(bóvedas, obeliscos).
Principal representante:
Hendrick de Keyser
(1565-1621). **Bartolotti
Huis (B** C6), **Westerkerk
(B** B6).
**Clasicismo holandés
(s. XVII)**
Siglo de prosperidad
económica y de riqueza
artística, el llamado
Siglo de Oro.
Recuperación del
modelo grecorromano,
orden, sobriedad y
geometría de las líneas.
Jacob van Campen
(1595-1657), Philips
(1607-1678) y Justus
(1620-1698) Vingboons.
Koninklijk Paleis (A A3).
Inicio del siglo XX
Estilo neorenacentista
(finales del XIX)
—**Centraal Station
(A** C1)—, después Art
Déco —**Tuschinskitheater
(D** C1)— y Art Noveau. El
funcionalismo de Berlage
(1856-1934) —**Beurs van
Berlage (A** B3)—
inspira la escuela de
Amsterdam.
**Escuela de
Amsterdam (s. XX)**
Estilo impresionista que
usa el ladrillo. **Plano sur
de Berlage (E** F4).
**Arquitectura
contemporánea**
Posmodernismo,
funcionalista, sobria o
expresionista.
ARCAM (F D2)
Barrio de los Muelles
→ *Al este del centro*
**Casa con pináculo
(A** B5)
→ *Rokin, 99*

FACHADA CON RESALTE

BARCO TURÍSTICO

TARJETA DE VISITA

- 740.000 habitantes
- 177 nacionalidades
- 600.000 bicicletas
- 9 carillones ■ 165
canales ■ 51 museos
- 6.800 edificios de
interés artístico ■ 1.402
cafés ■ 3,5 millones de
visitantes/año

BARRIO ROJO

Área autorizada para la prostitución, entre **Damstraat, Kloverniersburgwal, Zeedijk y Warmoestraat (A** C3). Su nombre procede de los neones rojos de los escaparates de las prostitutas, sindicadas y que pagan impuestos.

AMSTERDAM GAY

Amsterdam es la primera ciudad gay de Europa.
Información
Internet
→ www.gayamsterdam.com
Pink Point
→ Westermarkt (**B** B6).
Tld, 10-18 h
www.pinkpoint.org

INTERNET

Sitios Web
→ www.holland.com
→ www.amsterdamtourist.nl
Oficinas de turismo del país y de la ciudad.
→ www.iamsterdam.com
→ www.simplyamsterdam.nl
En inglés. Hoteles, información cultural, etc.
Cibercafés
EasyInternet Café (A C2)
→ Damrak, 33. Tld, 9-22 h
144 PC en línea.
Pink Floyd (A B1)
→ Haarlemmerstraat, 44
Tld, 9-20 h
Internet y coffeeshop.

INFORMACIÓN TURÍSTICA

VVV
→ Stationsplein, 10 (**A** C2), tld, 8-21 h; Central Station (**A** C1), tld, 9-20 h (jue.-sáb., 21 h; dom., 18 h); Leidseplein, 1 (**C** B4), tld, 9-17 h

Tel: 0900 400 40 40 (en la ciudad) / 551 25 25 (desde el extranjero). Tld, 9-17 h
Sede de turismo (VVV).

TELÉFONO

Otros países / Amsterdam
00 + 31 + 20 + nº (7 cifras)
Amsterdam / otros países
00 + código país + nº
Números útiles
Policía, bomberos
→ 112
Tourist doctor Amsterdam
→ 427 50 11 (día)
627 23 53 80 (noche, urgencias)

CALENDARIO

Días festivos
→ 25-26 dic., 1 enero, 30 abril, 5 mayo
Abril-junio
Koninginnedag
→ 30 de abril
Espectáculos callejeros para el aniversario de la reina.

World Press Photo
→ Finales abril-mediados junio. Oude Kerk
www.worldpressphoto.nl
El mayor festival de periodismo fotográfico del mundo. Exposiciones.
Día de la Liberación
→ Día 5, en toda la ciudad
Fiesta popular, espectáculos de calle.
Art Amsterdam
→ 6 días, mediados mayo, Amsterdam RAI, Europaplein (al sur de la Pijp) www.artamsterdam.nl
Feria de arte moderno y contemporáneo.
Festival de Holanda
→ Todo el mes, en muchas salas de la ciudad
www.hollandfestival.nl
El evento cultural nacional más importante. Filmes, conciertos, ópera, danza...
Julio-agosto
Festival en Ij
→ 10 días en jul.
www.overhetij.nl
Danza, teatro, música en los astilleros.

Openluchttheater
→ Todo el verano, Vondelpark
www.openluchttheater.nl
Teatro, filmes y conciertos al aire libre.
Uitmarkt
→ Último fin de semana de agos.
www.uitmarkt.nl
Espectáculos al aire libre.
Orgullo Gay
→ 1er fin de semana de agos., Prinsengracht, Amstel, Stopera
Desfile de gabarras y música tecno.
Grachten Festival
→ 5 días;
www.grachtenfestival.nl
Música clásica en las salas de conciertos, museos, parques, etc. El concierto Prinsengracht al aire libre cierra el festival.
Septiembre
Bloemencorso
→ 1er fin de semana de Aalsmeer al Dam.
Desfile de carros con flores
Open Monumentendag
→ 2º fin de semana, en todo el país

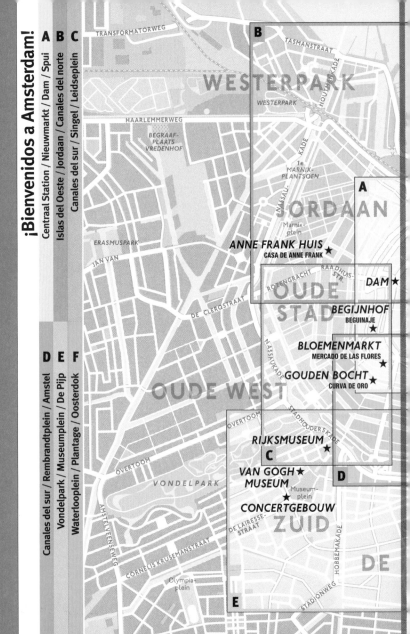

A Centraal Station / Nieuwmarkt / Dam / Spui
B Islas del Oeste / Jordaan / Canales del norte
C Canales del sur / Singel / Leidseplein

D Canales del sur / Rembrandtplein / Amstel
E Vondelpark / Museumplein / De Pijp
F Waterlooplein / Plantage / Oosterdok

ALREDEDORES DE AMSTERDAM

Moda joven
Kalverstraat (**A** A4-5),
Nieuwendijk (**A** B3-4),
Haarlemmerdijk y
Haarlemmerstraat
(**B** C3-4).
Tiendas insólitas
En la zona de 9 *stratjes*:
calles perpendiculares a
los grandes canales
(**C** B1-C3).
Anticuarios
Por Spiegelkwartier:
Nieuwe Spiegelstraat y
Spiegelgracht (**C** C5).

MERCADOS

Mercado central
Albert Cuypstraat (**E** E2)
→ *Lun.-sáb., 9,30-17 h*
El mayor de la ciudad.
Mercados de flores
Bloemenmarkt (**C** D3)
→ *Singel. Lun.-sáb., 9-
17,30 h; dom., 11-17,30 h*
**Mercado de pájaros y
mercado biológico**
Noordermarkt (**B** C4)
→ *Sáb., 9-16 h*

Mercadillos
Waterlooplein (**F** B3)
→ *Lun.-sáb., 9-18 h*
Noordermarkt (**B** C4)
→ *Lun., 9-13 h*
Mercado de antigüedades
Kunst & Antiekmarkt de
Loonier (**C** B2)
→ *Elandsgracht, 109
Sáb.-jue., 11-17 h*
Mercado de libros
Boekenmarkt (**A** A5)
→ *Spui.
Marzo-oct., vier., 10-18 h*
**Mercado de sellos y
monedas**
Poszegelmarkt (**A** A5)
→ *Nieuwzijds Voorburgwal,
280. Miér., sáb., 9-16 h*

OTRAS PERSPECTIVAS DE AMSTERDAM

En bicicleta
Véase Transporte.
Yellow Bike (**A** B2)
→ *Nieuwezijds Kolk, 29
Tel: 620 69 40. 19,50 €*
Visitas guiadas.

En patines
2.000 patinadores se
reúnen los viernes a las
20 h ante el **Filmmuseum**
(**E** A1) para salir en ruta
nocturna. Alquiler de
patines cerca de la entrada
secundaria del Vondelpark
(Amstelveenseweg).
En barco
Barco turístico
→ *Tld, 9.30-18 h. Circuito de
1 h. 8,50 €. Embarcaderos:
Prins Hendrikkade (frente a la
Centraal Station), Damrak,
Rokin o detrás del
Rijksmuseum*
Ideal para una primera
visita de Amsterdam.
Canal Bus (**E** C1)
→ *Weteringschans, 26
Tel: 626 55 74. Tld. 9.50-
18.45 h. 3 líneas, 14 paradas
Abono 18 €/día.*
Cruceros temáticos
→ *Información en VVV*
Degustación a la luz de las
velas, ruta gastronómica,
museos, ruta de
arquitectura...

ESCAPADAS

→ *Trenes y autobuses
desde Centraal Station
(**A** C1)*
Waterland
Bella región de culturas,
diques y regueros.
Edam-Volendam
→ *A 20 km de Amsterdam
Autobús 110 mercado de
Edam
Jul.-agos., miér., 10.30-
12.30 h; sáb., 21-23 h*
Dos arrebatadoras casas
costeras del siglo XVII.
Célebre mercado de
queso de Edam.
Zaanse Schans
→ *A 12 km de Amsterdam
Trenes directos*
Pueblo-museo: molinos
de viento, fábrica de
zuecos, quesería...
Región de las flores
Circuitos en bicicleta
→ *Alquiler en la estación
de Haarlem, depósito en
Leiden. Acceso en tren*
Entre Haarlem y Leiden,
campos de tulipanes,
jacintos y narcisos para
descubrir en bicicleta.
Keukenhof
→ *Stationsweg, 166a,
Lisse. 20 marzo-18 mayo
Tel: (025) 246 55 55. Tren
hasta Leiden + autobús 54*
El mayor parque floral
del mundo (28 Ha).
Muiden
Castillo
→ *Tel: (0294) 26 13 25
Tren hasta Amstel,
después autobús 136*
Soberbio castillo del
siglo XIII. Murallas, fosos
y torreones.
Aalsmeer
Mercado de flores
→ *Legmeerdijk, 313
Tel: (0297) 39 21 85
Lun.-vier., 7-11 h
(ir pronto). Autobús 172*
La mayor subasta de
flores del mundo.
19 millones de flores
vendidas cada día.

Tres lugares marcan el centro de Amsterdam. El Dam, núcleo histórico y foro permanente alrededor del cual se sitúan los símbolos de la ciudad comercial (el Palacio Real, la Iglesia Nueva y, más lejos, la Bolsa). Al este, el Nieuwmarkt, con sus fachadas de casa de muñecas y la enorme báscula pública. Al sur, el Spui, barrio universitario con cafés, la librería Athenaeum y el mercado de libros. Al norte de estos tres lugares se abre el Barrio Rojo, laberinto de callejuelas y casas estrafalarias, famoso por los sex-shops y las prostitutas en los escaparates.

HARKEMA

DE JAREN

RESTAURANTES

Vlaams Frites Huis (A A5)
→ *Voetboogstraat, 33*
Tel: 624 60 75. Tld, 11-18 h
Las mejores patatas fritas de la ciudad. Veinte salsas distintas.
Cucurucho 2 €, salsa 0,50 €.

Upstairs (A B5)
→ *Grimburgwal, 2*
Tel: 626 56 03
Vier.-sáb., 12-19 h; dom., 12-17 h
En la 2ª planta de una casa estrecha, 4 mesas, 20 m² y una cuarentena de crepes dulces y salados a partir de 5 €.

Harkema (A B4)
→*Nes, 67. Tel: 428 22 22*
Tld, 12-16 h, 17.30-23 h
Al anochecer, artistas y gente de negocios se reúnen en esta cervecería contemporánea diseñada por dos arquitectos locales, Ronald Hooft y Herman Prast. Grandes volúmenes, líneas depuradas, bar de diseño: la decoración justifica el éxito, y los precios económicos también. Ensaladas, sándwiches, lasaña, tentempiés... Carta 15-20 €.

Café Bern (A D4)
→*Nieuwmarkt, 9*
Tel: 622 00 34. Tld, 16-1 h
(servicio 18-23 h)
Muy famoso por sus fondues de queso, que se pueden degustar con un entrecot que se cocina en la mesa. Reservar.
Fondue 13.50 €.
Carta 15-25 €.

Kantjil en de Tijger (A A5)
→*Spuistraat, 291-293*
Tel: 620 09 94
Lun.-vier., 16.30-23 h; sáb.-dom., 12-23 h
Kantjil no tiene muy buen aspecto, pero aquí se degustan los mejores platos indonesios de la ciudad. El *nasi rames* es un surtido de 5 platos indonesios, versión simplificada del exagerado *rijsttafel* (entre 13 y 16 €).
Carta 25 €.

Kapitein Zeppo's (A B5)
→*Gebed Zonder End, 5*
Tel: 624 20 57
Tld, 12-1 h (vier.-sáb., 2 h)
Este apacible restaurante atrae a estudiantes y profesores de la universidad cercana. Cocina variada (mejillones con patatas fritas, lasaña con berenjena). Música en vivo jueves o domingo por la tarde en invierno. Mesas en las cristaleras o en terraza.
Menú 34 €.

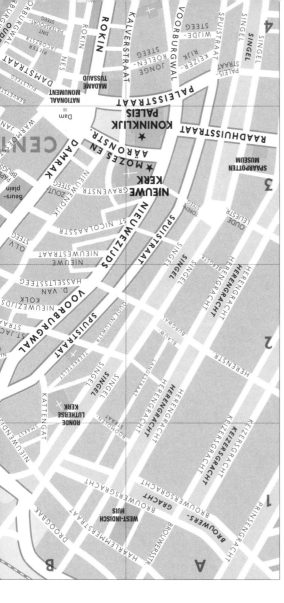

TEMPLE HE HWA

SCHREIERSTOREN

CENTRAAL STATION

Centraal Station / Nieuwmarkt / Dam / Spui

OUDE KERK

BEURS VAN BERLAGE

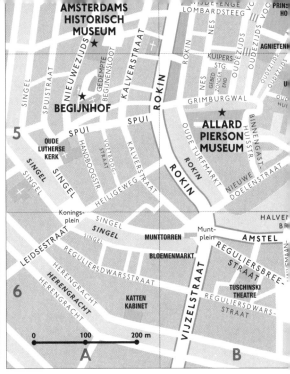

★ **Centraal Station (A** C1)
Toda la ciudad parece
volcada en su estación.
Centro neurálgico de
Amsterdam, este colosal
edificio neorrenacentista
de Pierre Cuypers (1889),
cercano por su
arquitectura al
Rijksmuseum, suscitó una
fuerte controversia al
erigirse, privando a la
ciudad de su abertura al Ij.
Sus 300 m de fachada y su
alta bóveda de acero
descansan en tres islas
artificiales y 8.700 pilones.

★ **Schreierstoren (A** D2)
→ *Prins Hendrikkade, 94*
La «torre de las lloronas»
(1480), vestigio del poder
medieval, toma su nombre
de las mujeres que, desde
lo alto, asistían a la partida
de los marineros a bordo
de barcos holandeses.
Aquí, el capitán Henry
Hudson levó anclas en
1609 en busca de un paso
hacia Oriente. Llegó a
Nueva York.

★ **Templo He Hwa (A** C3)
→ *Zeedijk, 106-118*
Tel: 420 23 57
Mar.-dom., 12-17 h
En pleno centro del barrio
chino se encuentra esta
sorprendente pagoda,
primer templo budista
chino en Europa,
inaugurado en el año
2000, en presencia de la
reina Beatriz y la orden
taiwanesa Fo Guang Shan.

★ **Oude Kerk (A** C3)
→ *Oudekerksplein, 23*
*Tel: 625 82 84. Lun.-sáb., 11-
17 h; dom., 13-17 h*
Los escaparates de las
prostitutas bordean los
muros de la iglesia más
antigua de Amsterdam
(s. XIV). El interior,
saqueado durante la furia
iconoclasta de 1566, ofrece
hoy sus paredes a
exposiciones de arte
contemporáneo.

★ **Museum Amstelkring
(A** C3)
→ *Oudezijds Voorburgwal, 40*
*Tel: 624 66 04. Lun.-sáb., 10-
17 h; dom., 13-17 h*
Tras la adhesión de los
Países Bajos a la Refor
(1578), los bienes de la
Iglesia quedaron
confiscados y se abolic
libertad de culto. Com
testimonio de la época
alza una increíble capil
clandestina (1663),
camuflada bajo una ca
burguesa. El resto de la
visita revela un interior
señorial del siglo XVII.

★ **Beurs van Berlage
(A** B3)
→ *Damrak, 243*
*Tel: 530 41 41. Café: lun.-
9-17 h*
La antigua Bolsa, sin du
la obra más importante
Berlage (1903). El arquit

A

LÉXICO

Cotidiano
Sí / no: ja / nee;
Por favor: alstublieft;
Gracias: dank u;
Buenos días:
goedendag;
Buenas noches:
goedenavond;
Adiós: tot ziens;
Abierto: open;
Cerrado: gelosten.
Señalización
Brug: puente; **Burgwal:**
fortificación; **Dijk:** dique;
Dwarsstraat: calle
transversal; **Gracht:**
canal; **Huis:** casa; **Kade:**
muelle; **Kerk:** iglesia;
Markt: mercado; **Plein:**
plaza; **Stad:** ciudad;
Steeg: avenida; **Straat:**
calle; **Toren:** torre.

MERCADO DE FLORES SOBRE EL SINGEL

RIJKSMUSEUM

DROGAS

Se prohíbe el consumo,
cultivo y venta. Hay que
distinguir entre drogas
blandas (despenalizadas
por debajo de 5 g) y
duras (penalizadas). No
hay que comprarlas
en la calle.
Coffeeshops
Destinados a proteger al
consumidor de cannabis
de los camellos de
drogas duras. La hierba
se vende en saquitos
o liadas, pero a partir de
ahora no se puede
fumar allí tabaco. Tarifas
según la calidad.
**Hash & Marihuana
Museum (A** C4)
→ *Oudezidjs
Achterburgwal, 148.
Tel: 623 59 61*

Restaurantes

Reserva recomendada en
los locales elegantes.
Precios
Los precios incluyen IVA
(BTW). No suelen aceptarse
tarjetas de crédito.
Propinas
Es habitual dejar el 5% o
redondear la cuenta.
**Otros
establecimientos**
Cafés-bares
Por la noche, la mayoría
sirve sándwiches,
ensaladas y platos sencillos.
Fondas
Productos de calidad para
llevar o para comer en el
local. Sándwiches originales,
zumo de fruta fresco.
Bruin cafés
Cafés tradicionales: paredes
de color oscuro, teñidas por
3 siglos de tabaco.
Grands cafés
Ensaladas, sándwiches y
entempiés a mediodía.
Interior de diseño,
clientela moderna.

Proeflokaal
Barras para degustar
ginebra, cerveza y licores.
De pie y deprisa
Puestos de pescado
ahumado de marzo a dic.
Especialidad: *broodje haring*
(sándwich de arenque
crudo, cebolla y pepinillos).

VISITAS

Descuentos
Fijos para mayores de 65;
algunos para menores de 18
años y raro para estudiantes.
Amsterdam Card
→ *Billete combinado de
transporte y entrada a 25 museos
Véase página Transporte*
MJK (Museumjaarkaart)
→ *A la venta en museos.
35 € (niños la mitad)*
Entrada gratuita a 400 museos
del país, validez 1 año.
Entrada gratuita
Fin de semana nacional de
los museos
→ *2º o 3er fin de semana
de abril*

Visitas guiadas
Mee in Mokum (**C** C2)
→ *Keizersgracht, 346
Tel: 625 13 90
www.gildeamsterdam.nl
Lun.-vier., 13-16 h. Reserva
obligatoria. Visitas: mar.-
dom., desde las 11 h. 4 y 5 €*
Por un grupo de pensionistas
apasionados por su ciudad.

SALIDAS

¡Vida nocturna en acción!
Reservas
AUB Ticket-shop / Uitburo
→ *Leidseplein, 26
Tel: 621 13 11 o 0900 01 91
Tld, 9-21 h*
Programas
Day by day
→ *VVV y quioscos*
Mensual, en inglés.
Amsterdam Weekly
→ *En cafés, museos...*
Semanal, en inglés.
Conciertos, exposiciones...
Conciertos de carillón
Munttoren (**D** C1)
→ *Vier., 12-13 h*

Westerkerk (**B** B6)
→ *Mar., 12-13 h*
Oude Kerk (**A** C3)
→ *Mar., 14.30-15.30 h;
sáb., 16-17 h*
**Conciertos gratuitos de
música clásica**
Muziektheater (**F** A3)
→ *Amstel, 3. Tel: 551 81 17
Oct.-mayo, mar., 12.30-13 h*
Concertgebouw (**E** B2)
→ *Tel: 671 83 45
Sept.-jun., miér., 12.30-13 h*

COMPRAS

Grandes almacenes
Metz & Co (**C** C4)
→ *Leidsestraat,34-36
Tel: 520 70 20*
Maison de Bonneterie
(**A** B4)
→ *Rokin, 140. Tel: 531 34 00*
Centro comercial
Magna Plaza (**A** A3)
→ *Nieuwezijds Voorburgwal,
182. Tel: 626 91 99*
Boutiques de lujo
En P. C. Hoofstraat y Van
Baerlestraat (**E** B1-2).

CONSCIOUS DREAMS KOKOPELLI

OUTLAND RECORDS

Blauw aan de Wal
(A C4)

→ *Oudezijds Achterburgwal, 99*
Tel: 330 22 57
Mar.-sáb., 18-23.30 h
Un islote de clase y
elegancia en el corazón
del Barrio Rojo. Ambiente
animado en la planta
baja, más íntimo en el
primer piso. El servicio
atento y la calidad de la
cocina franco-italiana
(langostinos, faisán al
apio y a la nuez moscada)
están a la altura de los
precios. Carta 55 €.

CAFÉS, COFFEESHOPS

De Jaren **(A** B5)

→ *Nieuwe Doelenstraat, 20-22*
Tel: 625 57 71
Tld, 10-1 h (vier.-sáb., 2 h)
Sin duda el *grand café*
más hermoso de la
ciudad... Para tomar un té
en una mesa de lectura o
disfrutar de una de las
dos terrazas que dan al
Amstel.

De Drie Fleschjes
(A B3)

→ *Gravenstraat, 18*
Tel: 624 84 43. *Lun.-sáb.,
14-20.30 h; dom., 15-20 h*
Un antiguo *proeflokaal*
anclado en el tiempo
desde 1650. Se
consume de pie, entre
el mostrador y una fila

de viejos barriles
colmados de ginebra,
aguardiente, licor,
cerveza y vino.

Greenhouse **(A** B4)

→ *Oudezijds Voorburgwal,
191.* Tel: 627 17 39
Tld, 9-1 h
El más famoso de los
coffeeshops
Greenhouse. Su
reputación ha
aumentado con los
premios obtenidos
desde 1993, como los
prestigiosos Winner High
Times Cup y Cannabis
Cup. La proximidad al
hotel Grand atrae a
estrellas internacionales,
cuyas fotos decoran las
paredes.

BARES, TEATRO, CONCIERTOS

De Engelenbak
(A B4)

→ *Nes, 71.* Tel: 626 36 44
Representaciones, 20.30 h
Importante escenario de
teatro aficionado donde
debutaron grandes
profesionales. En el
programa: comedias
musicales, mimo, ópera,
cabarés... El Open Bak, el
escenario abierto del
martes noche, atrae una
marea humana.

De Buurvrouw
(A B4)

→ *Sint Pieterspoortsteeg,
29.* Tel: 625 96 54
Tld, 21-3 h (vier.-sáb., 4 h)
Club selecto donde se
dan un último garbeo los
verdaderos noctámbulos.
Se baila hasta tarde y, lo
mejor de todo, la entrada
es gratuita.

In 't Aepjen **(A** C2)

→ *Zeedijk, 1.* Tel: 626 84 01
Tld, 15-1 h (vier.-sáb., 3 h)
Ambiente de vieja taberna
marinera, en este pequeño
café situado a dos pasos
del puerto. Diferente.

Casablanca Variété
(A C2)

→ *Zeedijk, 24*
Tel: 625 56 85
Tld, 16-1 h
Bar/restaurante/teatro/
circo en una calle muy
animada. Espectáculos
de magos, malabaristas,
acróbatas, cantantes,
etc.

COMPRAS

Conscious Dreams
Kokopelli **(A** C2)

→ *Warmoesstraat, 12*
Tel: 421 70 00. *Tld, 11-22 h*
Cápsulas de guaraná,
hongos alucinógenos,
libros sobre el éxtasis...
Los vendedores
son especialistas en el
tema y dan buenos
consejos. Cibercafé,
4 €/h.

Jacob Hooy & Co
(A C4)

→ *Kloveniersburgwal, 12*
Tel: 624 30 41
*Lun., 13-18 h; mar.-vier., 10-
18 h; sáb., 10-17 h*
Desde 1743, las paredes
de esta herboristería se
han ido impregnando de
aromas orientales. Hay
viejos barriles y cajones
repletos de hierbas
medicinales, tés,
especias diversas y
aceites de belleza.

Outland Records
(A C4)

→ *Zeedijk, 22*
Tel: 638 75 76
*Lun.-sáb., 11-19 h (jue.,
21h); dom., 12-18 h*
Tecno, trance, house:
una enorme variedad
de CD y vinilos
para aprendices de
disc-jockey y
profesionales.
Utilización libre de los
platos para escuchar
o mezclar discos...

De Hoed van Tijn
(A C4)

→ *Nieuwe Hoogstraat, 15*
Tel: 623 27 59
*Lun., 12-18 h; mar.-sáb., 11-
18 h (sáb., 1730 h); dom.,
12-17 h (oct.-dic.)*
Centenares de sombreros
de hombre y mujer, desde
los clásicos Stetson a las
creaciones originales,
también a medida.

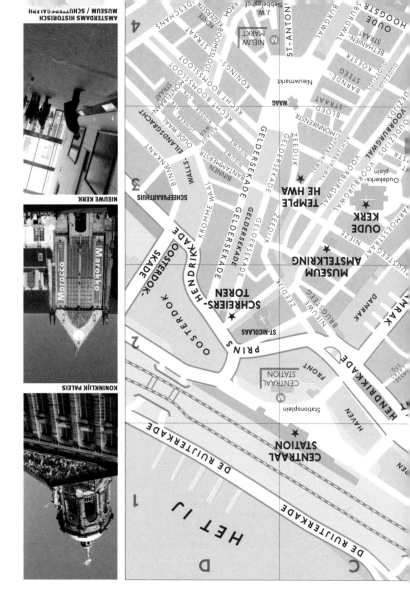

AMSTERDAMS HISTORISCH
MUSEUM / SCHUTTERSGALERIJ

NIEUWE KERK

KONINKLIJK PALEIS

BEGIJNHOF

ALLARD PIERSON MUSEUM

rializó en las líneas
onales de esta
trucción de ladrillo,
l y acero las grandes
s que influyeron en
ba entera, inaugurando
quitectura moderna.
es un centro cultural
organiza conciertos,
erencias y
siciones. Café
ente.

oninklijk Paleis
3)
rm. Tel: 620 40 60
stauración; reapertura
sta para el año 2009
randes artistas del
de Oro contribuyeron a
nstrucción del antiguo
camiento (1665),

proyectado en el más puro
estilo clásico holandés por
Jacob van Campen. Es
testigo de la agitación
perpetua del Dam. Frisos,
cariátides y tallas recuerdan
la supremacía marítima de
la ciudad. Luis Bonaparte lo
transformó en Palacio Real
en 1808.

★ Nieuwe Kerk (A A3)
→ Dam. Tel: 638 69 09
Exposiciones: tld, 10-18 h
(jue., 22 h)
Basílica con crucero de
estilo gótico tardío
recargado (s. XV), algo
relegada por el Palacio
Real. En ella tomaron
posesión del trono todos
los soberanos holandeses.

★ Amsterdams
Historisch Museum /
Schuttersgalerij
(A A4)
→ Nieuwezijds Voorburgwal, 357
Tel: 523 18 22
Lun.-vier., 10-17 h;
sáb.-dom., 11-17 h
La historia de la ciudad
desde el siglo XIII, su
expansión, sus personajes
famosos, la vida cotidiana...
En la galería de los
guardias, se exponen
retratos de los mecenas
burgueses encargados de
defender la ciudad en el
siglo XVII.

★ Begijnhof (A A5)
→ Spui entre los nos 37 y 38
Tld, 9-17 h

Un patio tranquilo,
rodeado de casas de los
siglos XVII y XVIII, recuerdo
de un antiguo beguinaje
(1665). Aquí se encuentra
la casa más antigua de
Amsterdam (1477), la
iglesia (s. XV) y la capilla
clandestina (1665).

★ Allard Pierson
Museum (A B5)
→ Oude Turfmarkt, 127
Tel: 525 25 56. Mar.-vier., 10-
17 h; sáb.-dom. y fest., 13-17 h
Museo consagrado a las
grandes civilizaciones de la
Antigüedad (egipcia,
griega, etrusca, etc.).
Frescos, sarcófagos,
estatuas, joyas, armas...
Una colección hermosa.

WEST INDISCH HUIS

NOORDERKERK

(Map labels)

FREDERIK HENDRIK PLANTSOEN

PIANOLA MUSEUM

Van-Olden-Barneveldtplein

Marnix-plein

ANNE FRANK HUIS ★

SINT ★ ANDRIESHOFJE

WESTER-KERK ★

INST. V. TECHNICH

ROZENGRACHT

OUDE STAD

0 100 200 m

A   B

★ Prinseneiland
(B C3)

En el extremo de la ciudad, el tiempo parece haberse detenido en la «isla del Príncipe». Los veleros dormitan en sus aguas, mientras los almacenes permanecen abiertos, esperando una improbable carga. Unida a otras dos islas por frágiles puentes móviles, la vieja extensión del puerto ha escapado a la demolición. Sus edificios industriales, por los que han apostado los artistas, albergan centros sociales y suntuosos *lofts*.

★ Brouwersgracht
(B C4)

Especias, azúcar, café, aceite de ballena y otras riquezas se amontonaban en los almacenes de los muelles. Sus enormes vanos abovedados permitían el paso de la mercancía, izada con la ayuda de una polea. Este tranquilo canal está muy solicitado por sus *lofts* y gabarras habitables.

★ West Indisch Huis
(B D4)

→ *Haarlemmerstraat, 75 No se visita. Patio abierto al público: lun.-vier., 9-17 h*
La Compañía de las Indias Occidentales (1621-1791) no consiguió el prestigio de su odiada hermana, la Compañía de las Indias Orientales. Sus beneficios provenían principalmente de la trata de esclavos y del pillaje. Una de sus gloriosas victorias fue el ataque a la flota de la plata española (1628), cuyo fabuloso botín se guardó en el sótano del edificio. Una estatua de P. Stuyvesant, gobernador de Nueva Holanda (1647-1664), y un mural que recuerda la creación de la colonia holandesa en América ocupan el patio.

★ Noorderkerk (B C4)
→ *Noordermarkt*
La iglesia de Hendrick de Keyser (1623), edificada por la población obrera del Jordaan, inspiró otros templos protestantes. El arquitecto supo alejarse del modelo católico trazando un plano en cruz griega que coloca el coro en posición central. Los lunes (9-13 h) hay mercadillo en la plaza y los sábados (9-16 h), mercado de pájaros y de productos biológicos.

★ Sint Andrieshofje (B
→ *Egelantiersgracht, 10 Patio abierto tld, 9-17 h Propiedad privada: discre obligatoria*
El 2º *hofje* (patio) más antiguo de la ciudad (1616), después del

B

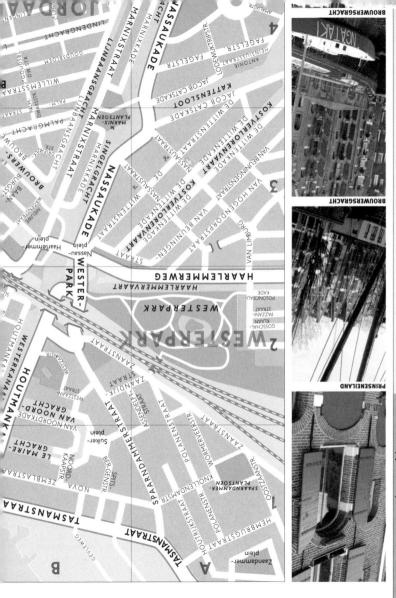

De su pasado popular, Jordaan ha conservado modestas casas con ventanas floridas y una intensa vida de barrio. Animados cafés en los que corre el alcohol y tiendas incongruentes despuntan en sus calles sombrías. Este arte de vivir ha alcanzado los canales: restaurantes y escaparates coloridos proliferan en sus callejones transversales. Al norte, uno se adentra en el Haarlemmerdijk, donde no cesa la actividad de *coffeeshops* y hoteles baratos. Detrás de la vía de tren, tres islas unidas nos recuerdan el pasado marítimo de la ciudad con sus viejos almacenes y sus astilleros dormidos.

DE BELHAMEL

BARNEY'S

RESTAURANTES

Morning Star (B C6)
→ *Nieuwezijds Voorburgwal (frente al 289)*
Tel: 625 65 42
Tld, 10-18 h
Imposible pasar de largo de esta casita de madera colocada en el mismo centro de la plaza. Poco espacio en el interior, pero con una gran terraza, fabulosa si hace buen tiempo. Sándwiches biológicos, hamburguesas vegetarianas, batidos exóticos. Carta 8 €.

Small World (B C3)
→ *Binnen Oranjestraat, 14*
Tel: 420 27 74. Mar.-sáb., 10.30-20 h; dom., 12-20 h
En una boutique minúscula, abundancia de afamados sándwiches (carpaccio, atún, etc.), quiches, muffins, sopas y zumo de frutas natural (naranja, manzana-zanahoria...) para tomar allí o para llevar. Cuidado, los taburetes y sillas vuelan a la hora de comer. Dueño australiano simpático y amable. Carta 10-15 €.

De Bolhoed (B C5)
→ *Prinsengracht, 60-62*
Tel: 626 18 03. Lun.-vier., 12-22 h; sáb., 11-23 h
Para incondicionales de la cocina vegetariana

y productos biológicos. A mediodía: sopas, quiches y sándwiches calientes o fríos (humus, tahini, feta...). Por la noche: verduras (espinacas, champiñones, brécol, maíz) acompañadas de ensaladas y arroz. Tartas y postres de la casa. Carta 15-20 €.

Yam Yam (B A5)
→ *Frederik Hendrikstraat, 90*
Tel: 681 50 97
Mar.-dom., 18-22 h
El chef prepara una de las mejores pizzas de Amsterdam. Las especialidades con trufas son igual de recomendables. Menú 18-22,50 €.

De Belhamel (B D4)
→ *Brouwersgracht, 60*
Tel: 622 10 95
Tld, 12-16 h, 18-22 h (vier.-sáb., 22.30 h)
El interior Art Déco, de color tostado, ya merece la visita por sí solo. Excelente cocina de inspiración variada y vistas a Brouwergracht y Herengracht. Menú 35-45 €; carta 40 €.

La Salle du Jour (B C5)
→ *Prinsenstraat, 10*
Tel: 428 24 55. Lun.-sáb., 18-23 h (lun., 22 h)
Cocina con toques a la vez mediterráneos y orientales, privilegiando la

Reguliersdwarsstraat y Amstelstraat, que se enroscan detrás del Amstel, concentran el mayor número de clubes nocturnos y de establecimientos gay de la ciudad. Estas dos calles desembocan en Rembrandtplein, donde otras tribus urbanas se mezclan en los cafés y los clubes más selectos. Al sur, el maravilloso canal Reguliersgracht, o Utrechtsestraat, jalonada de restaurantes y tiendas a la última. No muy lejos, y sin embargo a años luz de tanta agitación, aparece la plaza de la iglesia, Amstelkerk, donde los niños juegan a la rayuela delante de las terrazas de los cafés a la sombra.

VAN DOBBEN

TAKE THAÏ

RESTAURANTES

Van Dobben (D C2)
→ *Korte Reguliersdwarsstraat, 5*
Tel: 624 42 00
Lun.-sáb., 9.30-1 h (vier.-sáb., 2 h); dom., 11.30-20 h
Institución de Amsterdam que no se vacía nunca. Especialidad: el *broodje*, panecillo relleno (jamón, tomates, sardinas, chorizo, *kroket*, etc.) para llevar o para consumir allí. Para una comida rápida o un tentempié imprevisto. Abierto hasta tarde.
Carta 5-7 €.

Lo Stivale d'Oro (D D1)
→ *Amstelstraat, 49*
Tel: 638 73 07
Miér.-lun., 17-23 h
Marco clásico de una *trattoria* cualquiera, pero con ambiente acogedor y cocina sabrosa asegurados. *Farfalle* con brécol, tallarines con salmón o pimiento, calamares y pizzas dan unanimidad. Cuando el tiempo se lo permite, Mario, el chef, disfruta tocando la guitarra.
Carta 15-20 €.

Tujuh Maret (D D3)
→ *Utrechtsestraat, 73*
Tel: 427 98 65
Tld, 12-23 h
La cocina de la isla de Sulawesi hace escala en

Amsterdam... Si se quiere probar un poco de todo, elegir un surtido de platos indonesios: *nasi rames* (5 platos), *nasi kuning Tujuh Maret* (10 platos), *rijsttafel* Mina Hasa* (¡18 platos!)... todos ellos acompañados de arroz, pan de gambas y ensalada de col. Suave, picante o muy picante según el gusto.
Carta 15-25 €.

Vooges (D D2)
→ *Utrechtsestraat, 51*
Tel: 330 56 70
Tld, 17.30-22 h (sáb.-dom., 23 h)
Excelente cocina de influencia mediterránea. El menú varía según el mercado: salmonete con salsa de tomate y estragón, brochetas de cordero con salsa fría de menta, cilantro, pepino y *harissa*, chuletas de buey adobadas con limón, etc. Pequeño patio interior en verano.
Carta 25-35 €.

Take Thaï (D D3)
→ *Utrechtsestraat, 87*
Tel: 622 05 77
Tld, 18-22.30 h
Un restaurante tailandés de líneas puras y decoración minimalista en el que se cena a la luz de las velas. Recetas

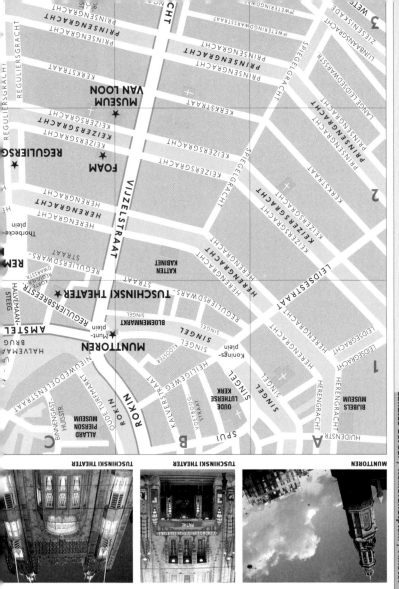

TUSCHINSKI THEATER

TUSCHINSKI THEATER

MUNTTOREN

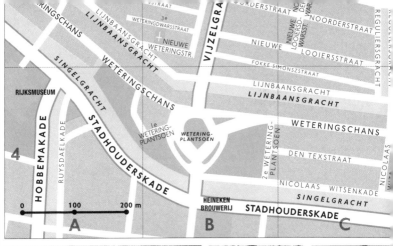

REGULIERSGRACHT

MUSEUM VAN LOON

FOAM

★ **Munttoren** (D C1)
→ *Muntplein*
En la confluencia del Singel y el Amstel, pasillo atravesado por un flujo ininterrumpido de transeúntes, se erige la «torre de la moneda». Proyectada por Hendrick de Keyser (1620), no adquirió su nombre definitivo hasta que, bajo la amenaza de invasión de las tropas de Luis XIV, se transfiere temporalmente la casa de acuñación de moneda.

★ **Tuschinski Theater** (D C1)
→ *Reguliersbreestraat, 26-28*
Tel: 0900 14 58
Filmes en V.O.

¿Obra maestra Art Déco o delirio *kitsch*? La fusión decorativa del excéntrico teatro Tuschinski (vidrieras, torres, esculturas...), construido en 1921 y transformado en cine, no deja indiferente a nadie. En su interior, una sucesión de tapices, lámparas y pinturas de un lujo y un exotismo inauditos. La sala nº 1 es la más extravagante.

★ **Rembrandtplein** (D C2)
Inmensa plaza rodeada de cafés y cervecerías, y gran centro de la vida nocturna de Amsterdam, Rembrandtplein se bautizó así en 1876, y se colocó en su centro una estatua del pintor con la mirada puesta en el barrio judío, lugar donde vivió hasta que se arruinó y se mudó a Jordaan.

★ **Museum Willet-Holthuysen** (D B2)
→ *Herengracht, 605*
Tel: 523 18 22. Lun.-vier., 10-17 h; sáb.-dom. y fest., 11-17 h
Esta hermosa vivienda patricia construida en 1687 perteneció a familias ricas de Amsterdam. En 1860, sus últimos propietarios, una pareja de coleccionistas amantes del arte, la donaron a la ciudad, que la transform en un museo dedicado interior del país. A lo la de sus salas y plantas s encuentran cristalerías estampados, relojes y porcelanas, la mayor p de los cuales son de lo siglos XVIII y XIX. En el sótano se halla la reconstrucción de una cocina del siglo XVIII. El hermoso jardín francés también puede verse desde Amstelstraat.

★ **Reguliersgracht** (D C2)
Este canal encantador, abierto en 1664, debe s nombre al convento de monjas regulares que ha

D

SPIEGELGRACHT

STADSSCHOUWBURG

---

puden Bocht (C D4)
→*erengracht, entre
sestraat y Vijzelstraat*
Curva de Oro»,
ción del canal
os Señores, se llamó
orque se afincaron
amilias más ricas
rmadores,
caderes y banqueros
Siglo de Oro.
edificios se abren
les amplias,
tras el resto de
terdam se
nizaba en terrenos
echos. Es uno de los
ajes arquitectónicos
originales de
terdam y, hoy, aún,
de los más lujosos.

★Katten Kabinet (C D4)
→*Herengracht, 497
Tel: 626 53 78
Mar.-vier., 10-14 h; sáb.-
dom. y fest., 13-17 h*
La única casa de la
«Curva de Oro» abierta
al público. Tras la muerte
de su gato en 1984, John
Pierpont Morgan III, el
último de sus ocupantes,
consagró la casa a los
felinos. Los salones
albergan estatuillas,
carteles, objetos de arte y
algunos ejemplares vivos,
arrebujados en canapés o
saltando por el jardín.
★Spiegelgracht (C C5)
De Lijnbaansgracht a
Prinsengracht, un

encantador canal
bordeado de casitas
de muñecas, cuya ligera
inclinación, perceptible
en la mayor parte
de las fachadas del
canal, facilitaba la
subida de las mercancías
al desván, puesto
que los sótanos se
inundaban a menudo.
Estas casas albergan
hoy anticuarios y
galerías de arte del
Spiegelwartier, el
barrio de los anticuarios y
coleccionistas.
Más allá, está Nieuwe
Spiegelstraat, un
muelle de aspecto más
lujoso.

**★Stadsschouwburg
(C** B4)
→*Leidseplein, 26
Tel: 523 77 00*
El suntuoso teatro de la
ciudad no pasa
desapercibido, dado'que
su fachada domina una
de las plazas más
animadas de Amsterdam.
¡Desde su balcón se
anuncian las victorias del
equipo del Ajax!
Reconstruido tras
3 incendios en un estilo
neorrenacentista por
Jan Springer y A. L.
van Gendt (1894),
sigue acogiendo
a las grandes compañías
internacionales.

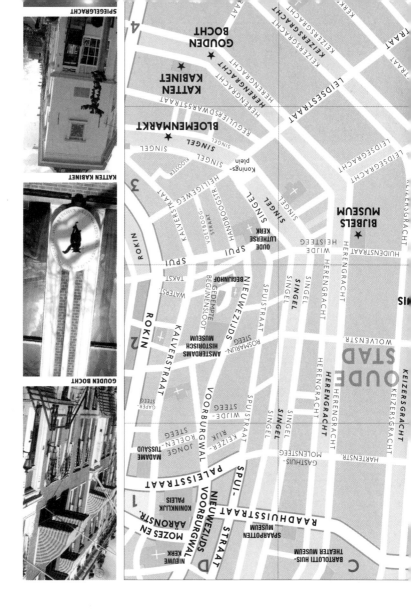

SPIEGELGRACHT

KATTEN KABINET

GOUDEN BOCHT

GOUDEN BOCHT

KATTEN
KABINET

BLOEMENMARKT

REGULIERSDWARSSTRAAT

HERENGRACHT
HERENGRACHT
LEIDSESTRAAT

LEIDSEGRACHT
LEIDSEGRACHT

KEIZERSGRACHT
KEIZERSGRACHT
KERK...

SINGEL
SINGEL
SINGEL
SINGEL

Konings-
plein

KLOOSTER

HEILIGEWEG

HANDBOOGSTRAAT

VOETBOOG-
STRAAT

KALVERSTRAAT

ROKIN

SPUI

OUDE
LUTHERSE
KERK

KEIZERSGRACHT

BIBELS
MUSEUM

HEISTEEG
WIDE
HUIDENSTRAAT
HERENGRACHT

BEGIJNHOF
GEDEMPTE
BEGIJNENSLOOT

WATERST
TAKST

ROKIN

NIEUWEZIJDS

SPUISTRAAT
ROSMARIJN-
STEEG

SINGEL
SINGEL
SINGEL
HERENGRACHT

AMSTERDAMS
HISTORISCH
MUSEUM

WOLVENSTR

SIN

OUDE
STAD

KEIZERSGRACHT
KEIZERSGRACHT

KALVERSTRAAT

VOORBURGWAL

GAPER-
STEEG

WIDE-
STEEG
RIJK-
STEEG

SPUISTRAAT
SINGEL
SINGEL
SINGEL
SINGEL

HERENGRACHT
HERENGRACHT
HERENGRACHT

GASTHUIS-
MOLENSTEEG

HARTENSTR

JONGE
ROELEN-
STEEG

MADAME
TUSSAUD

PALEISSTRAAT

SPUI-

NIEUWEZIJDS
VOORBURGWAL

KONINKLIJK
PALEIS

MOZES EN
AÄRONSTR.

RAADHUISSTRAAT

STRAAT

NIEUWE
KERK

SPAARPOTTEN
MUSEUM

BARTOLOTTI HUIS-
THEATER MUSEUM

GOUDEN
BOCHT

4

3

2

1

C

D

-TTE   FIFTIES-SIXTIES   DE KAASKAMER

(bogavante con mozzarella, guacamole y pequeñas legumbres, *Steak tartar* con huevos escalfados) y carta de vinos erudita. En contraste con el decoro elegante, el ambiente pasa a ser de auténticos comensales al acabar el servicio. Menús 37,50-55 €. Carta 50-70 €.

CAFÉS, FONDAS

Van Puffelen
(C B2)
➜ *Prinsengracht, 375-377*
Tel: 624 62 70
Lun.-miér., 15-1 h; jue.-dom., 12-1 h (vier.-sáb., 3 h)
Nada perturba la tranquilidad de los habituales del Van Puffelen, cuyas actividades se reducen a la lectura o a tomar el sol tranquilamente a orillas del canal. Hasta el punto que los propietarios han renunciado a los conciertos de jazz del domingo.

Buffet van Odette en Yvette **(C** C2)
➜ *Herengracht, 309*
Tel: 423 60 34
Lun., miér.-vier., 8.30-16.30 h; sáb.-dom., 10-17.30 h
Este minúsculo café-casa de comidas prepara deliciosos sándwiches, quiches y pasteles a base

de productos biológicos. Para llevar o comer allí (14 mesas en el interior y 6 fuera). Atención, los horarios varían.

Café Ebeling **(C** A5)
➜ *Overtoom, 50-52*
Tel: 773 70 46
Lun.-sáb., 10-1 h (vier.-sáb., 3 h); dom., 12-1 h
Por el día, un café de barrio con una agradable terraza; de noche, los camareros se convierten en disc-jockeys y animan el local con house, soul o funky.

BARES, ESPECTÁCULOS

De Zotte **(C** B4)
➜ *Raamstraat, 29*
Tel: 626 86 94. Tld, 16-1 h (vier.-sáb., 3 h)
Restaurante hasta las 21.30 h
Apartado del circuito establecido, este pequeño bar es famoso por su selección de más de 120 cervezas belgas. Los consistentes platos también merecen la visita.

Boom Chicago **(C** B4)
➜ *Leidseplein, 12*
Tel: 570 73 00
Cena: tld, 18.30 h (vier., 23 h)
Espectáculo: tld, 20.15 h (sáb., 23.30 h)
www.boomchicago.nl
Teatro muy popular donde se interpretan piezas

humorísticas en inglés. Es posible cenar antes de las actuaciones. El bar se llena todas las noches.

Melkweg **(C** B4)
➜ *Lijnbaansgracht, 234a*
Tel: 531 81 81
Este punto de encuentro de los hippies de los años 1970 se ha convertido en un centro cultural polivalente: conciertos, filmes, exposiciones... y las veladas electro, pop o de los años ochenta los jueves, viernes y sábados.

Paradiso **(C** B5)
➜ *Weteringschans, 6-8*
Tel: 626 45 21
Famosa sala de conciertos instalada en una antigua iglesia. El escenario acoge a grupos locales y a estrellas internacionales.

COMPRAS

Fifties-Sixties **(C** B1)
➜ *Reestraat, 5*
Tel: 623 26 53. Mar.-sáb., 13-18 h (sáb., 17.30 h)
Un montón de chatarra y electrodomésticos fabricados entre los años 1930 y 1970... en perfecto estado.

De Kaaskamer **(C** B3)
➜ *Runstraat, 7*
Tel: 623 34 83. Mar.-sáb., 9-18 h (sáb., 17 h); dom.-lun., 12-18 h (dom., 17 h)
El mejor queso de la

ciudad. Gran selección de quesos gouda, Friese Nagel kaas (perfumado con clavo) o Leidse kaas (con comino).

The Frozen Fountain **(C** B3)
➜ *Prinsengracht, 645*
Tel: 622 93 75
Lun., 13-18 h; mar.-sáb., 10-18 h (sáb., 17 h)
Esta galería expone, con fondo de música variado, lo mejor del diseño contemporáneo.

Hester van Eeghen **(C** C1)
➜ *Hartenstraat, 1 y 37*
Tel: 626 92 12. Lun., 13-18 h; mar.-sáb., 11-18 h
Un toque de fantasía, algunas lentejuelas y un surtido de colores cálidos adornan las botas, escarpines, zapatos de tacón de aguja y bolsos de Hester van Eeghen, creadora a la última. Excéntrica y chic.

Famous **(C** C3)
➜ *Huidenstraat, 17*
Tel: 528 67 06
Mar.-sáb., 11-18 h (sáb., 17 h); dom., 13-17 h
Objetos que pertenecieron a Marilyn Monroe, Mohammed Ali... La gama de objetos de famosos merece un vistazo. También venden figuritas de Andy Warhol, relojes Swatch diseñados por Sam Francis, etc.

Las fachadas más elegantes de la ciudad flanquean los majestuosos canales «de los Señores», «del Emperador» y «del Príncipe», símbolos de los tres poderes del Siglo de Oro. Al sur, Leidseplein, invadida desde el primer rayo de sol por las terrazas de los cafés y los artistas callejeros y donde clubes nocturnos y cines perpetúan la animación hasta la madrugada. Tiendas y almacenes de moda se apretujan a lo largo de Leidsestraat y el área comercial, conocida como la de las «9 calles» (desde Reestraat hasta Wijde Heisteeg). Al este, los anticuarios se hallan a lo largo de Nieuwe Spiegelstraat.

DIM SUM PALACE

BUFFET VAN ODETTE EN YVETTE

RESTAURANTES

Dim Sum Palace (C B4)
→ *Leidsestraat, 95*
Tel: 622 78 78. Tld, 12-24 h
Inmenso y popular restaurante chino en la 2ª planta de un edificio de Leidsestraat. Platos copiosos, servicio rápido y sin cursilerías. Los noctámbulos valoran su horario de apertura... Carta 15 €.

Goodies (C C3)
→ *Huidenstraat, 9*
Tel: 625 61 22. Tld, 12-22 h (jue.-sáb., 22.30 h)
Un alegre local italiano. El menú se escribe con tiza en la pared: raviolis con salmón... Durante el día se sirven sándwiches calientes o fríos, zumos de fruta naturales, batidos, leche caliente con anís y miel... Carta 15-25 €.

A la Plancha (C B2)
→ *1º Looiersdwarsstraat, 15*
Tel: 420 36 33
Mar.-dom., 16-1 h (vier.-sáb., 3 h)
Auténtico bar de tapas. Todo se prepara ante los ojos del cliente: calamares, marisco, jamón serrano, olivas marinadas... Aquí se vive a la hora latina, y uno se queda hasta el cierre. Carta 15-30 €.

Kagetsu (C C1)
→ *Hartenstraat, 17*
Tel: 427 38 28
Mar.-dom., 17-23 h
Alejado de los restaurantes zen y de diseño en boga, Kagetsu reivindica la simplicidad. Algunas mesas, un ligero hilo musical, una cocina trabajada y refinada (composiciones de tofu o carne, sushi, sashimi...) y ¡la vuelta está asegurada! Una receta que, las noches del fin de semana, hacen adeptos. Carta 25-30 €.

Garlic Queen (C D3)
→ *Reguliersdwarsstraat, 27*
Tel: 422 64 26
Miér.-dom., 18-23 h
El especialista en la cocina con ajo y de ajo. Los 25 kg encargados cada semana componen entrantes, platos y postres raros. Reserva indispensable. Carta 32 €.

Van de Kaart (C C4)
→ *Prinsengracht, 512*
Tel: 625 92 32
Lun.-sáb., 19.30-22.30 h
Bodega con aire de bar de vinos. Platos preparados ante los ojos de los clientes: la decoración invita a la experiencia del gusto y los sabores. Resultado a la altura de lo esperado: cocina gastronómica creativa

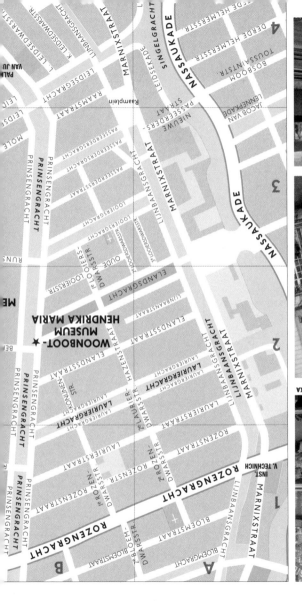

MARNIXSTRAAT

K. LEIDSEDWARSSTR

L. LEIDSEDWARSSTR

LIJNBAANSGRACHT

PALM VAN JU

LEIF

LEI

LEIDSEKADE

LEIDSEGRACHT

Raamplein

NIEUWE PASSEERDERS-STRAAT

PASSEERDERSGRACHT

PASSEERDERSSTRAAT

PASSEERDERSGRACHT

PRINSENGRACHT
PRINSENGRACHT
PRINSENGRACHT

LOOIERSGRACHT

LIJNBAANSGRACHT

MARNIXSTRAAT

SINGELGRACHT

NASSAUKADE

DERDE HELMERSSTR

DERDE HELMERSSTR

TOUSSAINTSTR

BOSBOOM

JACOB VAN LENNEPKADE

RUNS

ME

BE

LOOIERS- DWARSSTR

OUDE LOOIERSSTR

1E LOOIERSDWARSSTR

2E LOOIERSDWARSSTR

3E LOOIERSDWARSSTR

ELANDSGRACHT

ELANDSGRACHT

LIJNBAANSGRACHT

★ MUSEUM
HENDRIKA MARIA
WOONBOOT-

1E LAURIERDWARSSTR

2E LAURIER- HAZENSTRAAT
STR

LAURIERGRACHT

LAURIERGRACHT

LIJNBAANSGRACHT

MARNIXSTRAAT

NASSAUKADE

PRINSENGRACHT
PRINSENGRACHT
PRINSENGRACHT

KONINENENSTR

LAURIERSTRAAT

LAURIERSTRAAT

ROZENSTRAAT

1E ROZEN- DWARSSTR

2E ROZEN- DWARSSTR

ROZENSTRAAT

ROZENGRACHT

INST. V. TECHNIEK

LIJNBAANSGRACHT

MARNIXSTRAAT

PRINSENGRACHT
PRINSENGRACHT
PRINSENGRACHT

ROZENGRACHT

1E BLOEM- DWARSSTR

2E BLOEM-
DWARSSTR

BLOEMSTRAAT

BLOEMGRACHT

B

A

1

2

3

4

BIJBELS MUSEUM

OVERTOOM

OUDE WEST

STADHOUDERSKADE

EERSTE HELMERSSTRAAT

IDSEKADE

TWE

PALAMEDES STRAAT

5

ROEMER VONDELSTRAAT

TESSELSCHADESTRAAT

VISSCHERSTRAAT

CONSTANTIJN HUYGENSSTRAAT

ZANDPAD

ZANDPAD

VOSSIUSSTRAAT

SCHAPENBURGERPAD

VOSSIUSSTRAAT

PIETER CORNELISZ HOOFTSTR

HOBBEMA

Max Euwepl.

HIRSCHPASS

6

P. CORNELISZ HOOFTSTRAAT

VAN BAERLESTR.

JAN LUIJKENSTRAAT

ZUID

HONTHORST-STRAAT

JAN LUIJKENS STRAA

PAULUS POTTERSTRAAT

VAN GOGH MUSEUM

A

B

BLOEMENMARKT

★Woonbootmuseum Hendrika Maria (C B2)
→*Prinsengracht ante el 296 Tel. 427 07 50. Marzo-oct., mar.-dom., 11-17 h; nov.-feb., vier.-dom., 11-17 h*
Los casi 2.500 barcos-casa de Amsterdam (jardines flotantes, balsas salvavidas o gabarras de lujo), la mayoría amarrados en Prinsengracht y Amstel, seducen al visitante. Aparecieron de manera ilegal durante la crisis de la vivienda en los años 1950. El barco-museo revela una forma de vida práctica (maquetas, fotos, diapositivas).

Visita corta, pero entretenida.

★Felix Meritis Huis (C B2)
→*Keizersgracht, 324 Tel: 626 23 21. Bar: lun.-vier., 9-19 h; conferencias, debates y conciertos*
En una ciudad con una arquitectura tan unificada sorprende encontrar la pomposidad de este palacio neoclásico (1788), con 4 robustas columnas corintias que sostienen su frontón esculpido. El edificio sirvió de sede a la fundación cultural y científica Felix Meritis. Durante la Ilustración

dispensó la enseñanza de artes y ciencias para el progreso de la sociedad. Hoy es un lugar experimental de intercambio entre artistas europeos.

★Bijbels Museum (C C3)
→*Herengracht, 366-368 Tel: 624 24 36. Lun.-sáb., 10-17 h; dom. y fest., 11-17 h*
Museo de la Biblia, instalado en 2 de 4 casas gemelas de Philips Vingboons. Piezas arqueológicas de Egipto y Oriente Próximo, reproducción del tabernáculo, maquetas, manuscritos y ediciones

de la Biblia, entre ella una incunable de 147? Techos pintados por Jacob de Wit (1696-17
★Bloemenmarkt (C □
→*Singel. Lun.-sáb., 9-17:30 dom., 11-17:30 h*
Simpático mercado de flores sobre el Singel, entre Köningsplein y Muntplein. Las barcas amarran aquí desde 1? Magnífica mezcla de colores y olores: tulipanes, bulbos, plantas, recuerdos, zuecos... En invierno, cuando cae la noche, iluminación de las ba logra embellecer aún el paisaje.

OUDE STAD

BROUWERS-GRACHT

MARTE-LAARS-GRACHT

RONDE LUTHERSE KERK

SPUISTRAAT

VOORBURGWAL

5

DAMRAK

D. VAN HASSELTSSTEEG

NIEUWE NIEUWESTRAAT

ST. NICOLAASSTR.

BEURS VAN BERLAGE

TTI HUIS / MUSEUM ★

SPAARPOTTEN MUSEUM

NIEUWE KERK

GRAVENSTR.

Beurs-plein

MOZES EN AÄRONSTR.

KONINKLIJK PALEIS

HUISSTRAAT

Dam

NATIONAAL MONUMENT

PALEISSTRAAT

MADAME TUSSAUD

DAMSTRAAT

KEIZER-RIJK

WIJDE-STEEG

ROKIN

C

D

6

BARTOLOTTI HUIS / THEATER MUSEUM

BARTOLOTTI HUIS / THEATER MUSEUM

jnhof. Una vez
vesado el pasillo de
ada cubierto de loza de
., se llega a un
cioso patio florido,
ado de casitas, antaño
rvadas a las personas
ores disminuidas.
nne Frank Huis (B B5)
insengracht, 267
56 71 05. Mediados marzo-
ados sept., tld, 9-21 h
no, 22 h); mediados sept.-
ados marzo, tld, 9-19 h
de 500.000 visitantes
rsonan cada año ante
lebre *achterhuis* (casa
trás), donde Anne y su
lia vivieron confinados
nte 2 años, antes de
denunciados a la

Gestapo y deportados en
1944. La parte anterior de
la casa se ha convertido en
un museo a las víctimas
del Holocausto. Largas
colas en verano.
★ Westerkerk (B B6)
→ *Prinsengracht, 281*
Tel: 624 77 66
Abril-sept., lun.-vier., 11-15 h;
oct.-marzo, telefonear
Primera iglesia protestante
construida después de la
Reforma (Hendrick de
Keyser, 1620). Su
campanario, de 85 m de
altura, domina Amsterdam
y exhibe orgulloso uno de
sus símbolos: la corona
imperial que Maximiliano
de Austria concedió a las

armas de la ciudad. La
«iglesia del Oeste» inaugura
una estética propia de la
religión protestante:
simplicidad en la fachada,
elegancia en las líneas,
austeridad en el interior.
**★ Bartolotti Huis /
Theater Museum (B** C6)
→ *Herengracht, 168*
Tel: 551 33 00. Lun.-vier.,
11-17 h; sáb.-dom., 13-17 h
Un bello ejemplo de la
arquitectura de Hendrick de
Keyser. Todos los
elementos del
Renacimiento holandés se
despliegan en la fachada
de la casa Bartolotti, erigida
en 1618 (nᵒˢ 170-172):
ladrillos rojos ensamblados

con piedra blanca,
aguilones en relieve
adornados con columnas,
volutas, obeliscos... En los
aguilones, las divisas:
«Ingenio et asiduo labore»
y «Religione et probitate»
resumen la ética calvinista
de la época. En el interior,
el instituto del teatro
(entrada por nᵒ 168), con
una suntuosa decoración
de estuco. Lugar de
difusión y de creación
cultural, alberga el Museo
del Teatro (frescos,
vestuario, archivos
audiovisuales), un café,
una biblioteca, un
auditorio, y organiza
exposiciones.

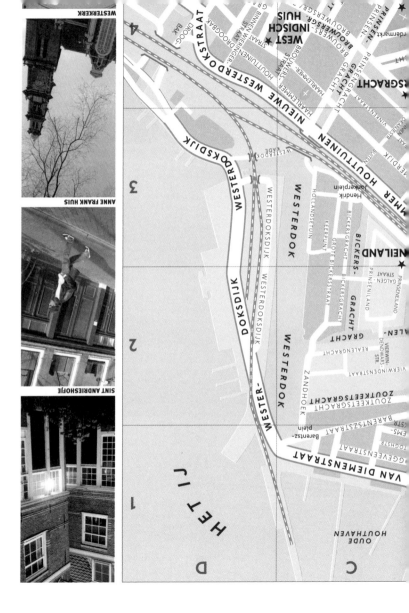

ERZOET

PURPLE ONION

SAUNA DECO

«semivegetariana». Carta de vinos extravagante y decoración en negro y color crema. Menú 34,50-42,50 €; carta 40 €.

CAFÉS, *COFFEESHOPS*

De Reiger (B B5)
→ *Nieuwe Leliestraat, 34*
Tel: 624 74 26. Lun.-vier., 17-24 h (jue.-vier., 1 h); sáb., 11-1 h; dom., 11-24 h
En el más moderno de los cafés antiguos de la ciudad se puede degustar un buen vino a la luz de las velas, en mesas separadas por pesadas cortinas de terciopelo rojo. Lleno a las horas de las comidas.

Café Tabac (B C4)
→ *Brouwersgracht, 101*
Tel: 622 44 13. Mar.-vier., 16-1 h (vier., 3 h); sáb.-lun., 11-1 h (sáb., 3 h)
En la esquina de una calle y a orillas de un canal, un ambiente apacible y una clientela joven; a rebosar con buen tiempo. Enfrente el minúsculo café Het Papeneiland, de 1641.

Barney's (B D4)
→ *Haarlemmerstraat, 102*
Tel: 625 97 61. Tld, 7-1 h
Un *coffeeshop* premiado varias veces, convertido en una pequeña institución.

Otro local: Barney's Farm, en el n.º 98.

BARES, CLUBES, CINES

Westergasfabriek (B A2)
→ *Haarlemmerweg, 8-10*
Tel: 586 07 10
www.westergasfabriek.nl
Una vieja fábrica de gas transformada en complejo cultural: obras de teatro, filmes, festivales, exposiciones, etc. Programa en el sitio Web.

The Movies (B B3)
→ *Haarlemmerdijk, 161*
Tel: 638 60 16
Precioso cine de los años 1900 que vale la pena por su programación y su estilo Art Déco. En el café-restaurante, el público hace un improvisado crítico cinematográfico.

Bitterzoet (B D5)
→ *Spuistraat, 2*
Tel: 521 30 01
Miér.-dom., 20-4 h
En este club abarrotado el fin de semana, los disc-jockeys suceden a los grupos en vivo y encadenan fragmentos de soul, hip-hop y reggae, a veces rock y salsa. Ambiente desenfadado, sin código de vestimenta. Uno de los mejores locales de su tipo en Amsterdam.

COMPRAS

House of Tattoos (B C3)
→ *Haarlemmerdijk, 130C*
Tel: 330 90 46. Lun.-sáb., 11-18 h; dom., 13-18 h
Sjab Horwitz ayuda a sus clientes a crear su propio dibujo y no tatúa sin antes llegar a un acuerdo. Para mayores de 18 años y con cita previa.

Purple Onion (B C3)
→ *Haarlemmerdijk, 139*
Tel: 427 37 50. Jue.-vier., 12-18 h; sáb., 11-17 h o *según cita concertada*
Telas indias bordadas a mano con brocados dorados, sillas chapadas en plata y revestidas con terciopelo violeta u objetos de arte tribal para decorar un palacio de las mil y una noches.

Kitsch Kitchen Supermercado (B B6)
→ *Rozengracht, 8-12*
Tel: 622 82 61
Lun.-sáb., 10-18 h
Un sinfín de objetos heteróclitos y utensilios de cocina, artículos de hogar e infantiles. Colores vivos.

Brilmuseum Brillenwinkel (B C6)
→ *Gasthuismolensteeg, 7*
Tel: 421 24 14. Miér.-vier., 11.30-1730 h; sáb., 11.30-17 h
Este «museo de las gafas» ofrece cientos de monturas, de lentes

doradas del XIX a estrás rosa de Hollywood.

Sauna Deco (B C5)
→ *Herengracht, 115*
Tel: 623 82 15. Lun.-sáb., 12-23 h; (mar., 15 h); dom., 13-19 h
Nada mejor para una tarde de invierno que una sesión de relajación en esta magnífica sauna Art Déco de los años 1920. Artesonado, vitrales, barandillas de bronce trabajado: su ornamentación se la debe a Bon Marché, recuperada tras la modernización del célebre complejo parisino. Masajes, baños turcos, reflexología... Ojo, sauna mixta.

SPRMRKT (B A6)
→ *Rozengracht, 191-193*
Tel: 330 56 01. Dom.-lun., 12-18 h; mar.-sáb., 10-18 h (jue., 20 h)
¡Vuelven los años 1970! Ropa, mobiliario, iluminación, obras de arte contemporáneo, revistas especializadas: en esta tienda conceptual, *underground* y de tendencias, las firmas locales (Joffrey Moolhuizen) se codean con las marcas internacionales (Dior). Uno se sumerge en la decoración de *Los ángeles de Charlie* y de *La naranja mecánica*...

LIGANS   CONCERTO   PUCCINI BOMBONI

admirablemente dosificadas. Probar el pato asado con salsa de soja. Menú 28,50-31,50 €.

Proeflokaal Janvier
(D D3)
→ *Amstelveld, 12*
Tel: 626 11 99
Mar.-dom., 12-15 h, 18-22 h
Restaurante adosado a la iglesia de madera de Amstel. Cuando llega el buen tiempo se puede disfrutar de su idílica terraza a la sombra. Almuerzo 38,50 €; menú 44,50-57,50 €.

Van Vlanderen
(D B4)
→ *Weteringschans, 175*
Tel: 622 82 92
Mar.-sáb., 18.30-22.30 h
Cocina franco-mediterránea de gran calidad propuesta por Marc Philippart: bandeja de vieiras con trufas, rodajas de bacalao, ternera con espárragos... Local elegante, ambiente distendido, servicio atento y amable. Se recomienda reservar. Menú 42,50-49,50 €. Carta 55-60 €.

CAFÉS

De Huyschkaemer
(D D3)
→ *Utrechtsestraat, 137*
Tel: 627 05 75

Tld, 11.30-1 h (vier.-sáb., 3 h)
El ambiente de una *huyschkammer* (sala de estar) se refleja en este pequeño y acogedor café. Clientela sobre todo gay.

Brasserie Schiller
(D C2)
→ *Rembrandtplein, 26-36*
Tel: 554 07 00
Tld, 15-22.30 h
Café restaurante tradicional de 1912, de estilo modernista. Conviene instalarse en la terraza o en la *Room of Portraits*, rodeado de la colección *Between Lunch and Dinner* de Fritz Schiller. Éste, hombre de negocios con alma de artista, ha proporcionado al local el espíritu que le caracteriza.

Walem (D A2)
→ *Keizersgracht, 449*
Tel: 625 35 44
Tld, 10-1 h (vier.-sáb., 3 h)
Café de diseño (Rietveld, 1984) con dos magníficas terrazas, una de las cuales da a un jardín y la otra, al canal Keizersgracht.

PUBES, CLUBES

Mulligans (D D1)
→ *Amstel, 100*

Tel: 622 13 30
Lun.-vier., 16-1 h (vier., 3 h); sáb.-dom., 14-1 h (sáb., 3 h)
El Irish pub más auténtico de la capital. Música irlandesa en directo (jue., 21.30 h; vier.-sáb., 22 h; escenario abierto, dom., 19 h; a veces conciertos miér., y bailes tradicionales lun.).

Escape (D C2)
→ *Rembrandtplein, 11*
Tel: 622 11 11
Jue.-dom., 23-4 h (vier.-sáb., 5 h)
Las sesiones de house y tecno más concurridas, con celebridades locales e internacionales.

COMPRAS

Concerto (D D3)
→ *Utrechtsestraat, 52-60*
Tel: 623 52 28
Lun.-sáb., 10-18 h (jue., 21 h); dom., 12-18 h
CD y vinilos nuevos o de ocasión que abarcan una infinidad de estilos (clásica, jazz, reggae, rock, funk...). Para comprar rarezas o las últimas novedades.

Holland Gallery De Munt (D C1)
→ *Muntplein, 12*
Tel: 623 22 71
Lun.-sáb., 9.30-18 h; dom., 11-18 h

Aun a riesgo de irte con el clásico recuerdo de loza de Delft hay que visitar a los mayores especialistas. Abierto desde 1890.

Puccini Bomboni
→ *Staalstraat, 17*
(D D1)
Tel: 626 54 74
Dom.-lun., 12-18 h; mar.-sáb., 9-18 h
→ *Singel, 184* **(D** B1)
Dom.-lun., 12-18 h; mar.-sáb., 11-18 h
Los transeúntes se detienen inevitablemente ante su escaparate: seductores bombones caseros, de los mejores de la ciudad.

Droog Design
(D D1)
→ *Staalstraat, 7*
Tel: 523 50 50
Mar.-sáb., 12-18 h
Uno de los nombres del diseño holandés más de moda. Objetos de la vida cotidiana, mobiliario, obras de arte, productos minimalistas o excéntricos, etc. Todo presentado en un espacio voluminoso de un blanco inmaculado, que da toda su amplitud a las creaciones. Sala de vídeo y revistas especializadas.

MUSEUM WILLET-HOLTHUYSEN

REMBRANDTPLEIN

MAGERE BRUG

KONINKLIJK THEATER CARRÉ

quel paraje, antes de la
strucción del entramado
anales. Desde lo alto del
al Herengracht, se
uta de una de las vistas
famosas de la ciudad: la
nosa perspectiva de los
entes que cruzan
anal.

useum Van Loon
-C2)
eizersgracht, 672
24 52 55
-lun., 11-17 h
amilia Van Loon fue la
na que ocupó esta
dencia palaciega. Como
ca calvinista
denaba la ostentación,
ue ver el interior de las
as para formarse una

idea de la opulencia en la
que vivían los burgueses de
Amsterdam. En sus salones
y dependencias Luis XV, se
suceden retratos de familia,
obras maestras y cuadros
con efectos visuales que
conducen a un jardín a la
francesa, muy típico de las
viviendas de los canales, al
fondo del cual se hallan las
antiguas cocheras.

★ **FOAM (D** C2)
→ *Keizersgracht, 609*
Tel: 551 65 00
Tld, 10-18 h (jue.-vier., 21 h)
Museo totalmente dedicado
a la fotografía de todo tipo:
clichés de prensa o de moda,
en color o en blanco y negro,
clásicas o vanguardistas,

argénticas o numéricas. En
3 plantas conviven maestros
y nuevos talentos, y las
exposiciones son
temporales.

★ **Magere Brug (D** E2)
Esta delicada construcción
en maderas exóticas es, sin
duda, la más famosa de la
ciudad. Construido en
1671, el puente se alargó y
reformó en numerosas
ocasiones, pero todavía se
acciona manualmente para
permitir el paso de las
embarcaciones. La vista
desde el puente abarca,
hacia arriba, el Blauwbrug
(puente Azul), construido
con motivo de la
Exposición Internacional

de 1883 y, hacia abajo, las
Amstelsluizen, esclusas de
madera del siglo XVII.

★ **Koninklijk Theater
Carré (D** E3)
→ *Amstel, 115-125*
Tel: 0900 25 25 255
Visitas guiadas: sáb., 11 h
La monumental fachada de
inspiración clásica del
teatro Carré, justo frente a
las esclusas, está decorada
con... ¡cabezas de payasos
y bufones! Concebido
inicialmente para acoger al
circo de Oscar Carré (1887),
pronto se convirtió en el
principal escenario de
ópera italiana. Hoy, su
programación es más
variada.

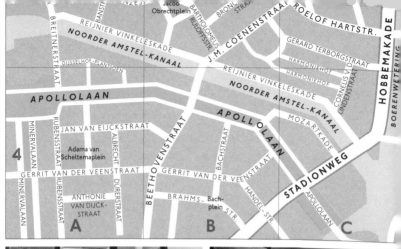

APOLLOLAAN

A

B

C

VAN GOGH MUSEUM

RIJKSMUSEUM

★ Vondelpark
(E A1)
Fabuloso parque a la inglesa con más de cien especies de plantas distintas. En cualquier estación, ciclistas, patinadores y paseantes de todas las edades recorren sus caminos asfaltados entre zonas de verde césped, estanques y fuentes. Debe su nombre a Joost van den Vondel, gran poeta del siglo XVII. Conciertos gratuitos en verano en el Openluchttheater.

★ Filmmuseum (E A1)
→ *Vondelpark, 3*
Tel: 589 14 00

Una importante cinemateca ocupa el pabellón blanco del noreste del parque. Cada año se proyectan 1.000 filmes y las películas mudas cuentan con acompañamiento musical. En verano, sesiones al aire libre.

★ Hollandse Manege
(E A1)
→ *Vondelstraat, 140*
Tel: 618 09 42
Tld, horarios variables
Un descubrimiento sorprendente en un rincón de Vondelstraat: el Picadero Holandés, de arquitectura neoclásica, siempre en actividad. En 1882, fecha de construcción del edificio, la

Real Escuela de Equitación abrió por primera vez sus puertas.

★ Concertgebouw
(E B2)
→ *Concertgebouwplein, 2-6*
Tel: 671 83 45. Visita con cita
www.concertgebouw.nl
Construido en 1888 gracias a la iniciativa privada de ciudadanos melómanos ávidos de mejorar la infraestructura musical de la ciudad, hoy en día recibe más de 800.000 espectadores anuales y su orquesta goza de fama mundial. Su Grote Zaal (gran sala), inspirada en la del teatro Felix Meritis, es célebre por su acústica.

★ Stedelijk Museum
(E B2)
→ *Museumplein, 13*
Tel: 573 29 11. Tld, 10-18 h
Reapertura prevista para e
2009
Una de las más ricas colecciones de arte moderno y contemporár del mundo (pintura, fotografía, escultura, *performances*...). Destac Mondrian, Maliévich, el grupo Cobra, etc. Reabri finales de 2009 con una museografía a la última nuevo edificio (Benthem Crouwell Architectes).

★ Van Gogh Museum
(E B2)
→ *Paulus Potterstraat, 7*

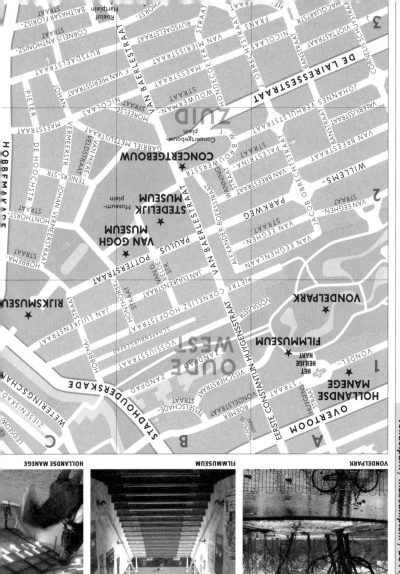

HOLLANDSE MANEGE

FILMMUSEUM

VONDELPARK

Al sur de Stadhouderskade, se abre el prestigioso barrio de los museos. Tiendas de lujo y grandes modistos compiten en las aceras de P. C. Hooftstraat y de Van Baerlestraat, mientras que, alrededor del Vondelpark, palacetes y residencias burguesas gozan de una calma envidiable. En cambio, en De Pijp, barrio multicultural y estudiantil, de tradición obrera, reina el bullicio de los restaurantes exóticos y los cafés acogedores. Pasado el Amstelkanaal, se llega al llamado Plano Sur, complejo obrero creado por Berlage y materializado por los arquitectos de la escuela de Amsterdam.

RENZO'S

DE ONDEUGD

RESTAURANTES

Renzo's (E B3)
→ *Van Baerlestraat, 67*
Tel: 673 16 73. Tld, 11-21 h
Pequeña y acogedora casa de comida italiana. En la planta baja y en la galería uno puede acomodarse sobre enormes cojines para degustar los platos expuestos en la vitrina. Los platos abren el apetito con sólo mirarlos: carnes, gratines, espaguetis a la tinta, paella, etc. Terraza en verano.
Carta 10-15 €.

Siempre Tapas (E E2)
→ *1e Sweelinckstraat, 23*
Tel: 671 86 16. Tld, 16-24 h
El descanso ideal tras un paseo por el Sarphatipark o el Albert Cuypmarkt. Este encantador café, alicatado con motivos blancos y azul marino, sirve cuarenta tapas para consumir en la terraza o junto a la chimenea.
Carta 15-25 €.

Stof (E E3)
→ *Van der Helstplein, 9*
Tel: 364 03 54. Tld, 18-22 h
En una agradable plaza, un hermoso establecimiento en el que se puede cenar a la luz de las velas frente a un ramo de tulipanes. La imaginativa cocina se

inspira en el mercado del día: pollo marinado con mostaza y coñac, pato con salsa de miel y tomillo, filete de lucioperca con gambas... Familiar y acogedor.
Carta 22-32 €.

L'Angoletto (E F2)
→ *Hemonystraat, 18*
Tel: 676 41 82
Dom.-vier., 18-22.30 h
Las vitrinas empañadas de L'Angoletto anuncian el bullicio interior. Los hornos, apenas separados del comedor por una barra, difunden sus olores por las grandes mesas repletas de comensales. Auténtica cocina italiana que justifica la espera: antipasto, pizzas, pastas, carnes y pescados.
Carta 25-30 €.

Pulpo (E A2)
→ *Willemsparkweg, 87*
Tel: 676 07 00. Lun.-sáb., 17.30-22.30 h
Especialidades internacionales con un toque mediterráneo servidas en un elegante restaurante de decoración minimalista. En el menú: carnes, pescado y platos vegetarianos. Pedir una mesa con vistas al jardín interior, o en la terraza en verano. Se recomienda reservar. Menú 29 €.

WE THEEHUIS

DUIKELMAN

DE KINDERFEESTWINKEL

Contrast (E D3)
→ Ferdinand Bolstraat, 176-178
Tel: 471 55 44
Tld, 12-1 h (vier.-sáb., 2 h; dom., 24 h)
Ambiente elegante e íntimo, tanto en el comedor como en el bar de vinos, decorados en blanco y negro. Cocina franco-neerlandesa y vino aconsejado para cada plato. Bonita terraza en verano. Carta 30-40 €.

De Ondeugd (E D2)
→ Ferdinand Bolstraat, 13-15
Tel: 672 06 51. Tld, 18-1 h (vier.-sáb., 3 h)
Una cocina refinada en un interior digno de un local nocturno. Dibujos luminosos, bolas de discoteca en el techo, arañas con bombillas extrañísimas... El chef combina a la maravilla la tradición y la fantasía, las influencias francesas y las italianas. Como entrada, ostras frías o calientes, al natural o condimentadas. Clientela moderna. Menú 32,50 €.

PASTELERÍAS

De Taart van m'n Tante (E D3)
→ Ferdinand Bolstraat, 10

Tel: 776 46 00
Tld, 10-18 h
Una pastelería, salón de té y habitaciones de colores luminosos y decoración sorprendente. Los dos chefs dan muestras de una creatividad que no hay que perderse.

CAFÉS, BARES, COFFEESHOPS

Vertigo (E A1)
→ Vondelpark, 3
Tel: 612 30 21. Tld, 10-1 h
Desde su terraza, al pie del Filmmuseum, se asiste a un desfile de patinadores y paseantes vestidos de domingo. Clientela de cinéfilos. Su cerveza blanca es muy popular.

Cobra (E C2)
→ Hobbemastraat, 18
Tel: 470 01 11. Tld, 10-18 h (verano, 20 h)
En verano, este espacioso café, construido en cristal y acero, instala cerca de 200 sillas en la explanada de los museos para deleite de sus clientes. Interior dedicado a los artistas del movimiento Cobra.

Brandmeester's (E B3)
→ Van Baerlestraat, 13
Tel: 572 08 11

Lun.-sáb., 9-18 h (sáb., 17.30 h); dom., 12-17 h
Café fresco, tostado cada mañana. En la carta: tés, brownies, muffins, tartas de manzana, etc.

Yo-Yo (E F2)
→ 2e Jan van der Heijdenstraat, 79
Tel: 664 71 73
Lun.-sáb., 12-19 h
Coffeeshop alegre y mucho más tranquilo que los del centro. Infusiones «biológicas».

Bakkerswinkel (E C3)
→ Roelof Hartstraat, 68
Tel: 662 35 94
Mar.-sáb., 7-18 h (sáb., 17 h); dom., 10-16 h
Bar, pastelería, salón de té destacable por su calidad y por sus productos frescos. Acogedor.

Blauwe Theehuis (E A2)
→ Vondelpark, 5
Tel: 662 02 54. Tld, 9-1 h (vier.-sáb., 3 h)
Un platillo volante un poco destartalado plantado en medio del Vondelpark. Cubierto en invierno y terraza agradable en verano. Con buen tiempo, hay disc-jockeys domingo tarde, viernes y sábado noche.

Kingfisher (E D2)
→ Ferdinand Bolstraat, 24

Tel: 671 23 95
Lun.-sáb., 11-1 h (vier.-sáb., 3 h); dom., 12-1 h
Un simpático café con la iluminación tamizada donde se da cita la juventud del barrio. Repleto de noche.

COMPRAS

Betsy Palmer (E F3)
→ Van Woustraat, 46
Tel: 470 97 95. Lun., 12-18 h; mar.-sáb., 10-18 h (sáb., 17 h)
En un bello entorno, zapatos de señora de originales colores, chic y a la moda.

Duikelman (E D2)
→ Ferdinand Bolstraat, 68
Tel: 671 22 30. Mar.-sáb., 9.30-18 h (sáb., 17 h)
La cueva de Alí Baba del cocinero... Del exprimidor a la olla, de la espátula al libro de recetas...
¡Más de 10.000 artículos expuestos!

De Kinderfeestwinkel (E E2)
→ Gerard Doustraat, 65-67
Tel: 672 22 15
Tld, 10-18 h
Una bonita tienda de juguetes a dos pasos de la Albert Cuypstraat. Para satisfacer a los más jóvenes... o ¡regresar a la infancia!

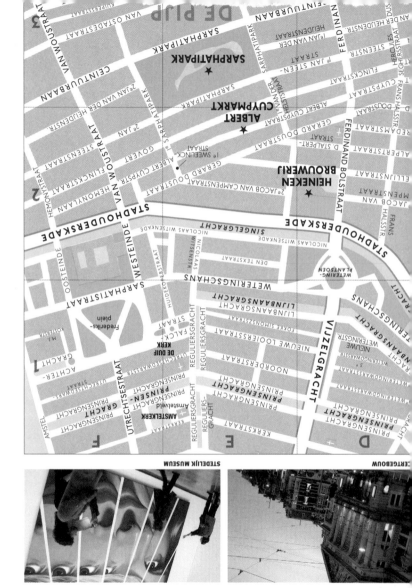

EKEN BROUWERIJ

SARPHATIPARK

ALBERT CUYPMARKT

70 52 00
0-18 h (vier., 22 h)
ráctica totalidad de la
de Vincent van Gogh
en este museo, desde
iendo patatas (1885) al
oérrimo *Campo de trigo
cuervos* (1890). 200 telas
.000 dibujos
ficados por temas y por
n cronológico. Una
ta totalmente dedicada a
da del artista, otra con
s, retratos, fotos, filmes y
s de Internet... Excelentes
siciones temporales en
tano. Entre sus
emporáneos, Gauguin,
ouse-Lautrec, Monet.

ijksmuseum (E C1)
tadhouderskade, 42

Tel: 674 70 00
Tld, 9-18 h (vier., 20.30 h)
Ojo, en reformas hasta el
año 2010. Sólo se exhiben
400 obras maestras: *La
ronda nocturna*
(Rembrandt), *La lechera*
(Vermeer), *El alegre
bebedor* (Frans Hals), etc.
Una muestra muy
pequeña, lejos de las
5.000 pinturas y 800.000
dibujos que se exponen
habitualmente. Construido
en 1885 para albergar las
colecciones nacionales,
atrae a 1,2 millones de
visitantes por año a sus
200 salas.

**★ Heineken Brouwerij
(E** D2)

→ *Stadhouderskade, 78*
Tel: 523 96 66. Tld, 10-19 h
*(última admisión 17,30 h)
Menores de 18 años
acompañados*
Visita guiada a la antigua
fábrica Heineken (1934),
desde las enormes cubas
de cobre a las cocheras,
en las que se almacenaban
las calesas de distribución.
Degustación gratuita.

★ Sarphatipark (E E3)
En el centro de este
encantador parque a la
inglesa y pulmón de De
Pijp se erigió un
monumento a Sarphati
(1813-1866), autor de
numerosos proyectos
sociales en este barrio

obrero. Césped muy
solicitado con buen tiempo.

**★ Albert-Cuypmarkt
(E** E2)
→ *Albert Cuypstraat entre
Ferdinand Bolstraat y Van
Woustraat*
Lun.-sáb., 10-18 h
El mayor mercado de la
ciudad es también, desde
hace casi un siglo, el centro
neurálgico de De Pijp. A lo
largo de 3 km se encuentran
frutas, flores, legumbres,
carnes, pescados, ropa y
baratijas. Los numerosos
productos exóticos reflejan
las culturas del barrio. En
las calles adyacentes,
pequeños restaurantes y
cafés animados.

VERZETSMUSEUM

ZOO ARTIS

★ Museum Het Rembrandthuis (F A2)
→ *Jodenbreestraat, 4-6*
Tel: 520 04 00
Tld, 10-17 h

Rembrandt vivió sus mejores años en esta casa, comprada en 1639 gracias a la fortuna de su esposa Saskia. El inventario de 1658, cuando se vio obligado a venderlo todo, permitió restaurar el interior de la vivienda y devolverle el ambiente de la época. Una puesta en escena perfecta: de la cama con baldaquín a los recuerdos de viaje, del caballete y los pigmentos de color a los utensilios de cocina, cada objeto hace revivir el Siglo de Oro. También se exponen 250 grabados del artista.

★ Joods Historisch Museum (F B3)
→ *Nieuwe Amstelstraat, 1*
Tel: 531 03 10
Tld, 11-17 h

Objetos de culto, fotos y documentos sobre los judíos de Amsterdam. El museo está ubicado en 4 sinagogas askenazis (1671-1752), que fueron lugar de culto hasta 1943.

★ Portugees Synagoge (F B3)
→ *Mr Visserplein, 3*
Tel: 624 53 51. Dom.-vier., 10-16 h (nov.-marzo, vier., 14 h)

Una joya intacta de 1675. Debe su nombre a la comunidad judía expulsada de España que emigró a Amsterdam tras pasar por Portugal. En sus muros de ladrillo se abren 72 ventanas. Candelabros de cobre con 1.000 velas, un majestuoso *hechal* (arca en la que se guarda la Torá) de jacarandá...

★ Hortus Botanicus (F C3)
→ *Plantage Middenlaan, 2a*
Tel: 625 90 21
Lun.-vier., 9-17 h (dic.-enero, 16 h); jul.-agos., 19 h); sáb.-dom. y fest., 10-17 h (dic.-enero, 16 h; jul.-agos., 21 h)

Los médicos del siglo XV cultivaron las plantas que traían los marineros. Ho los viejos invernaderos antiguo Hortus Medicis (1682) continúan apasionando a los visitantes. Según la leyenda, varias especie extendieron por el mun a partir de los plantone del jardín, como el café americano, traído de Áf

★ Nationaal Vakbondsmuseum (F
→ *Henri Polaklaan, 9*
Tel: 624 11 66. Cerrado po obras hasta 2010

La antigua sede del sindicato general de los trabajadores del diama

F

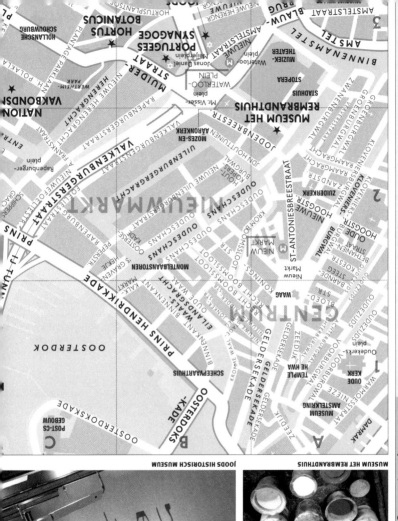

JOODS HISTORISCH MUSEUM

MUSEUM HET REMBRANDTHUIS

Las cinco sinagogas que se alzan en torno a Waterlooplein constituyen las huellas más visibles del viejo barrio judío de Amsterdam, muy castigado por la guerra y, después, casi demolido por la construcción del Metro. Plantage, barrio burgués repleto de grandes jardines, acoge el zoo de la ciudad y el jardín botánico. Hacia el norte, apetece vagar por el antiguo barrio de las dársenas, en plena restauración, lejos del incesante bullicio del centro. No hay que dudar en aventurarse en el Entrepotdok, muelle flanqueado por una sucesión de almacenes magníficamente restaurados.

TEATRO

EIK EN LINDE

RESTAURANTES

Soup en Zo (F B2)
→ *Jodenbreestraat, 94*
Tel: 422 22 43. Lun.-vier., 11-20 h; sáb.-dom., 12-19 h
Deliciosas sopas para comer allí y para llevar: espinacas, coco y cilantro, sopa toscana, etc. Las recetas cambian cada día. ¡También zumos de frutas exquisitos! Una docena de taburetes. Mesas en el exterior en verano. A partir de 2,70 €.

Frank's Smoke House (F E2)
→ *Wittenburgergracht, 303*
Tel: 670 07 74. Lun.-sáb., 9-18 h (lun., 16 h; sáb., 17 h)
Establecimiento cuanto menos insólito. Frank prepara todos los tipos de carne posibles e imaginables. Ternera, pato, y también pescado (anguila, salmón...). Resultado sorprendente, sabroso y delicioso al olfato. Se puede probar en plato o en sándwich. Plato 16,75 €.

Kilimanjaro (F C2)
→ *Rapenburgerplein, 6*
Tel: 622 34 85
Mar.-dom., 17-22 h
De Suráfrica a Túnez, toda la cocina africana en este modesto establecimiento, en especial de Etiopía y

Eritrea. Vinos, cervezas y cócteles africanos. Carta 20-25 €.

Koffiehuis van den Volksbond (F D2)
→ *Kadijksplein, 4*
Tel: 622 12 09. Tld, 18-22 h
A la entrada de Entrepotdok. La antigua «casa de café» de los estibadores se ha transformado en un restaurante muy popular de comida copiosa a precios reducidos. Carta 25 €.

Teatro (F D2)
→ *Kadijksplein, 16*
Tel: 623 63 13
Lun.-sáb., 18-23 h
Italiano refinado y sin pizzas. Raviolis de pato, dorada a la sal, carpaccio, risotto, pasta, etc. Los platos se degustan a la luz de las velas, mecidas por los clásicos de la canción italiana y bajo los ojos de las estrellas de Cinecittà, colgadas en las paredes. Acogedor. Carta 25 €

Restaurant Hemelse Modder (F B1)
→ *Oude Waal, 11*
Tel: 624 32 03
Mar.-dom., 18-22 h
Buena carta con algunos platos vegetarianos: bacalao de Islandia con salsa de hierbas, suflé de patatas, espinacas y

MUZIEKTHEATER

HET FORT VAN SJAKOO

DE STOELENWINKEL

champiñones. La gran protagonista es la mousse de chocolate. Menú 29,50 €; carta 40 €.

CAFÉS

Eik en Linde (F C3)
→ Plantage Middenlaan, 22
Tel: 622 57 16
Lun.-vier., 11-1 h (vier., 2 h); sáb., 14-2 h
Ambiente cordial en este típico café de paredes cubiertas de fotografías y dibujos. En un rincón, un piano para los clientes. La mayoría de ellos acude a primera hora de la noche.

De Druif (F C2)
→ Rapenburgerplein, 83
Tel: 624 45 30. Tld, 12-1 h (vier.-sáb., 2 h)
Un auténtico café con los muros debidamente recubiertos con una pátina de nicotina, en el antiguo barrio portuario.

Café de Sluyswacht (F A2)
→ Jodenbreestraat, 1
Tel: 625 76 11. Tld, 12-1 h (vier.-sáb., 3 h; dom., 19 h)
Situado en una estrecha casa de casi 300 años. Gran terraza sobre el Oudeschans.

Brouwerij 't IJ (F F3)
→ Funenkade, 7
Tel: 622 83 25
Miér.-dom., 15-20 h

Este café ubicado en un molino elabora su propia cerveza. Los lugareños se apretujan en este angosto local, donde se bebe de pie.

BARES, CONCIERTOS, TEATROS, ÓPERAS

Restaurant-club Panama (fuera de plano F F1)
→ Oostelijke Handelskade, 4
Tel: 311 86 86
Restaurante: tld, a partir de las 12 h; Veladas: vier.-sáb. (otros días según programa)
www.panama.nl
En un antiguo edificio de las autoridades portuarias, un templo nocturno para noctámbulos curtidos. Veladas de música electrónica o funk, conciertos de rock o jazz: ¡para todos los gustos! También un restaurante bastante ventilado, medio industrial, medio a la moda.

Bimhuis (F F1)
→ Piet Heinkade, 3
Tel: 788 21 50
El escenario de jazz más importante de la ciudad, donde actúan músicos de todos los países.

Tropeninstituut Theater (F E-F4)
→ Mauritskade, 63 y Linnaeusstraat, 2
Tel: 568 87 11
Programación variada y abierta a las culturas no occidentales. Debates, filmes, conciertos, teatro y veladas africanas y latinoamericanas, durante todo el año.

Het Muziektheater (F A3)
→ Waterlooplein, 22
Tel: 551 81 17
El escenario del ballet nacional y de la ópera de los Países Bajos pertenece al complejo de la Stopera, construido en 1986 por Wilhelm Holzbauer y Cees Dam, que también abarca el ayuntamiento. Aquí actúan grandes nombres de la música clásica y compañías de renombre.

COMPRAS

Waterloopleinmarkt (F B3)
→ Waterlooplein
Lun.-sáb., 9-18 h
El mayor y más antiguo mercadillo de la ciudad. Se encuentra de todo: ropa vieja, tejidos indonesios, artesanía africana, discos, zapatos...

Het Fort van Sjakoo (F B2)
→ Jodenbreestraat, 24
Tel: 625 89 79
Lun.-sáb., 11-18 h (sáb., 17 h)
Una extraordinaria librería de política alternativa. Desde las aventuras de un Tintín golfo a un manual de radio pirata, pasando por infinidad de obras y prensa sobre anarquismo, globalización, filosofía punk...

De Stoelenwinkel (F B2)
→ Oudeschans, 40
Tel: 693 54 52
Mar.-vier., 10-17 h; sáb., 11-17 h
Decenas de sillas, taburetes y sillones recuperados y reciclados, con un resultado muy de diseño.

ARCAM (F D2)
→ Prins Hendrikkade, 600
Tel: 620 48 78
Mar.-sáb., 13-17 h
Este edificio posmoderno, todo curvado, proyectado en 2003 por René van Zuuk, alberga el centro de arquitectura de Amsterdam. Exposiciones, revistas, obras especializadas y planos de la ciudad que proponen diferentes «rutas de arquitectura».

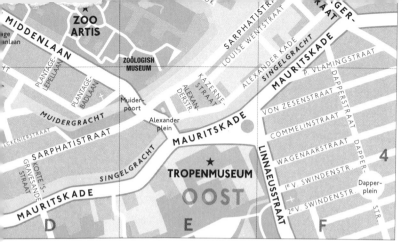

...PENMUSEUM

NEDERLANDS SCHEEPVAARTMUSEUM

NEMO

...almente museo de los ...icatos, es el edificio ...s conseguido de ...age. Su austera ...ada de ladrillos evoca ...oder del sindicato. En ...terior, un imponente ...co de escalera trepa ...ia a la luz que se filtra por ...vidrieras. Las lámparas ...orma de diamante ...en homenaje a los ...nantistas, pioneros en ...cha obrera.

...erzetsmuseum

...3)

...lantage Kerklaan, 61a ...520 25 35. Mar.-vier., ...7 h; sáb.-lun., 12-17 h ...apasionante ...osición sobre la vida cotidiana de los hombres y mujeres de la resistencia durante la ocupación nazi (prensa clandestina, fotos, grabaciones de radio...).

★ **Zoo Artis (F** D3)
→ *Plantage Kerklaan, 38-40*
Tel: 523 34 00
Tld, 9-17 h (verano, 18 h)
El zoo más antiguo de Europa (1838), dispuesto como parque con múltiples paseos. A destacar: el acuario gigante y sus 2.000 especies de peces de agua dulce y salada. Y para saber más de la larga historia de la Tierra: un planetario y un museo geológico.

★ **Tropenmuseum (F** E4)
→ *Linnaeusstraat, 2*
Tel: 568 82 15. Tld, 10-17 h
El museo de los Trópicos es una aproximación rica y variada a los países en vías de desarrollo. Recreaciones visuales y sonoras (poblados, zocos, mercados...), exposiciones temáticas (música, desarrollo, ecología), arte y artesanía. Museo infantil.

★ **Nederlands Scheepvaartmuseum (F** D2)
→ *Kattenburgerplein, 1*
Tel: 523 22 22. En reformas hasta finales de 2010. La nave East Indiaman está abierta al público. Mar.-dom., 10-17 h (y lun. durante las vacacions escolares)
¡Toda la historia marítima de Holanda a través del antiguo arsenal del Almirantazgo (1656)! Maquetas, instrumentos, pinturas, cartas de navegación... En el muelle, fiel réplica de un velero de tres palos de la Compañía de las Indias Orientales (con trajes de época).

★ **NeMo (F** C1)
→ *Oosterdok, 2*
Tel: 531 32 33. Mar.-dom., 10-17 h (y lun. durante las vacaciones escolares)
Juegos, laboratorios y talleres descubren de modo lúdico ciencia y tecnología.

Transporte y hoteles de Amsterdam

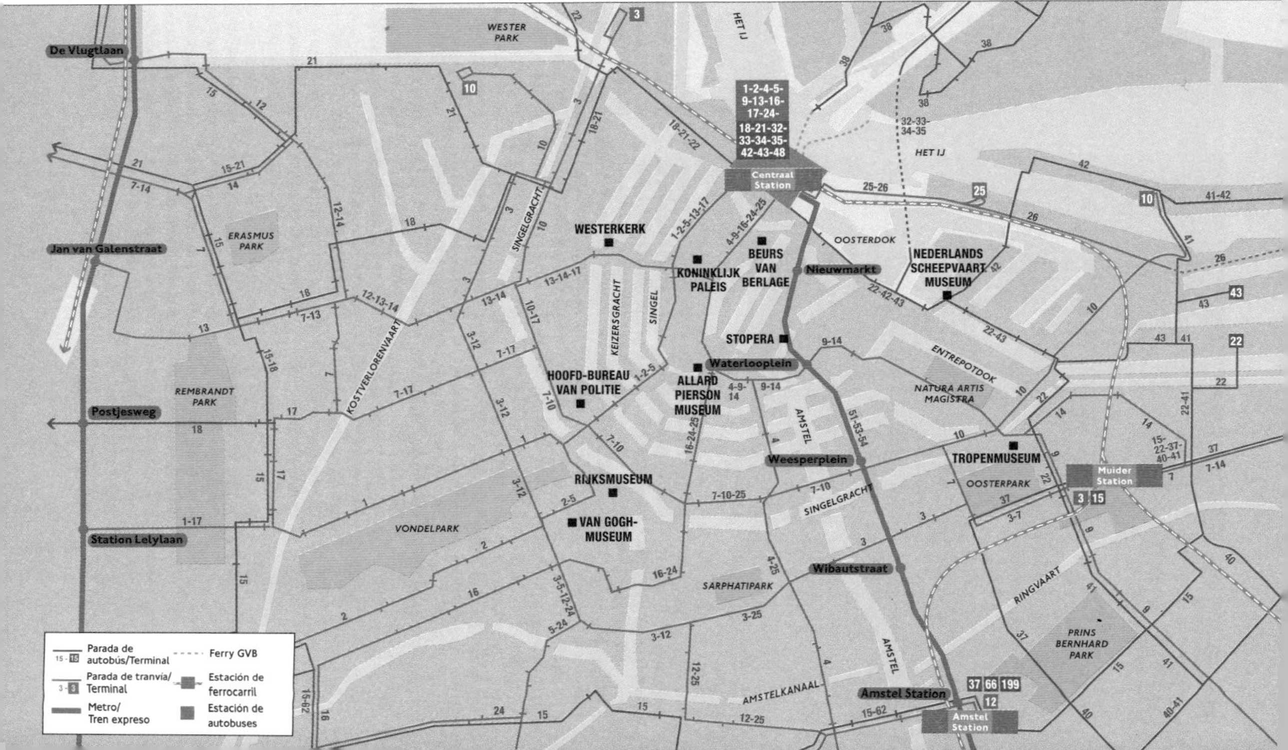

Los nombres de calles, monumentos y lugares de interés turístico están clasificados por orden alfabético. Las letras **(A, B, C...)** corresponden al módulo del mismo nombre y, la cifra siguiente, a su lugar en el plano.

BICICLETAS

La mejor manera de moverse. Las bicicletas se alquilan por 8,50-10 €/día Hay que dejar una fianza y una identificación.

Mac Bike (C B5)
→ *Weteringschans, 2*
Tel: 620 09 85. Tld, 9-17.45 h

Rent a bike Damstraat (A B4)
→ *Damstraat, 20-22*
Tel: 625 50 29. Tld, 9-18 h

Frédéric Rent a Bike (B C4)
→ *Brouwersgracht, 78*
www.frederic.nl
Tel: 624 55 09
Tld, 9-17.30 h
Dispone también de habitaciones en casa particular.

TRANVÍA

...50 € (según ...onibilidad de ...habitaciones), ...ayuno 17 €.

...**tel De Filosoof** (fuera ...plano **E** A1)
...ana van den ...delstraat, 6
...: 683 30 13
...ww.hotelfilosoof.nl
...etrás del Vondelpark, un ...ugar propicio para el reposo físico y para el enriquecimiento del alma. Decoración dedicada a la filosofía con habitaciones temáticas (la pasión, el agua, Spinoza, Nietzsche, Wittgenstein...) 150-175 €.

Canal House Hotel (B C5)
→ *Keizersgracht, 148*
Tel: 622 51 82
www.canalhouse.nl
Hotel lujoso a orillas del canal. Hermosas habitaciones en tonos pastel con motivos florales. El salón del desayuno da al jardín interior. 150-209 €.

Amsterdam House Hotel Eureka (A C5)
→ *'s-Gravelandseveer, 3-4*
Tel: 624 66 07 / 626 25 77
www.amsterdamhouse.com
Habitaciones y apartamentos de 2 a 4 plazas (la mayoría en una casa-barco). Se exige fianza. 150 € (habitación), 195-225 € (3 plazas apartamento o casa-barco).

Ambassade Hotel (C C2)
→ *Herengracht, 341*
Tel: 555 02 22
www.ambassade-hotel.nl
Instalado en 10 viviendas patricias a lo largo del Herengracht y del Singel, el Ambassade ofrece un lujo digno de un palacio: cuartos de baño de mármol, biblioteca, habitaciones y salones decorados de forma magnífica según el estilo del Siglo de Oro. Escritores célebres entre su clientela. 235 €. Desayuno 16 €.

DE LUJO

Eden American Hotel (C B4)
→ *Leidsekade, 97*
Tel: 556 30 00
www.edenamsterdammerican hotel.com
Célebre hotel con fachada modernista, declarado monumento histórico. Su Café Americano es una auténtica joya modernista. 280 €. Desayuno 20 €.

The Dylan (C C2)
→ *Keizersgracht, 384*
Tel: 530 20 10
www.dylanamsterdam.nl
Diseño contemporáneo, mobiliario *feng shui*... Clientela del mundo del espectáculo y del corazón... 455 €.

The Grand (A B4)
→ *Oudezijds Voorburgwal, 197.* Tel: 555 31 11
www.thegrand.nl
Antiguo edificio real del siglo XVI. Café Roux, decorado con un fresco de Karel Appel. 490 €.

TRANSPORTE PÚBLICO

GVB dirige el transporte público; oficina justo delante de la estación, al lado de la VVV.
→ Tel: 0900 80 11

Puntos de venta
→ *VVV, GVB, estancos, correos, quioscos y a bordo (más caro)*
Billetes válidos en tranvías, autobuses y Metro.

Red
Dividida por zonas.
1 zona = 2 viajes,
2 zonas = 3 viajes, etc.
El *Centrum* corresponde a 1 zona (cancelar 2 viajes).

Tarifas
Billete sencillo (1 zona)
→ 1,60 € (válido 1 h)

Strippenkaart
→ 6,90 € (15 viajes)

Amsterdam Card
→ 33 €/1 día, 43 €/ 2 días, 53 €/3 días
Acceso gratuito a todos los transportes públicos y a 25 museos, más descuentos y un recorrido en barca gratuito. Información y compra en VVV.

Horarios
Tld, 6-0.30 h
Metro, autobús y tranvía.

Tranvía
18 líneas. La mayoría sale desde la Centraal Station.

Metro
Servicio de cercanías, principalmente Bijlmer y Amstelstation.

Autobús
Circulan sobre todo más allá de la línea de circunvalación de los canales.
Líneas nocturnas 24-6 h
→ *Billete especial: 3 €*
12 líneas (351-363)

Objetos perdidos
→ Tel: 0900 80 11

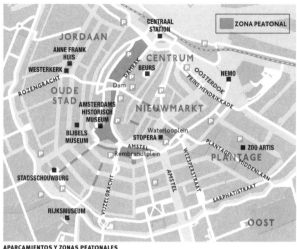

APARCAMIENTOS Y ZONAS PEATONALES

BICICLETAS

TRANVÍA

decoradas por artistas: paredes rojas y verdes, alfombras de cuero de vaca, colchas en satén negro, etc. 80-120 €.

Hotel Van Onna (B B5)
→ *Bloemgracht, 102-108*
Tel: 626 58 01
www.hotelvanonna.com
Cálida acogida en este hotel que ocupa tres casas reformadas a la orilla de un canal. 43 habitaciones (5 con encanto) ubicadas en la buhardilla. Buena relación calidad-precio. 90 €.

Hotel La Bohème (C B4)
→ *Marnixstraat, 415*
Tel: 624 28 28. *www.la-boheme-amsterdam.com*
Habitaciones sencillas y cómodas, junto al Leidseplein. Acogida joven y afable en el bar-recepción (se puede consultar el e-mail). Estancia mínima de 3 días el fin de semana. 90-110 €.

Hotel Hoksbergen (C C2)
→ *Singel, 301.* Tel: 626 60 43

www.hotelhoksbergen.nl
Hotelito de habitaciones luminosas en una casa antigua junto al Singel. 95-125 €, impuestos incluidos.

The Greenhouse Effect (A C3)
→ *Warmoesstraat, 55*
www.greenhouse-effect.nl
Hotelito contiguo a un *coffeeshop* del mismo nombre. Decoración exclusiva en cada habitación: *1001 Arabian Night*, *Downtown*, *Tropical dream*... Bar discoteca. Acogida afable y desenfadada. 95 € (sin baño) a 130 €.

Hotel Agora (C D3)
→ *Singel, 462*
Tel: 627 22 00
www.hotelagora.nl
Hotel de situación idónea, no lejos de Muntplein. Algunas habitaciones tristes y sin vistas, otras luminosas con vistas al canal. Precios interesantes en el segundo

caso. 99 € (sin vistas al canal) 132 € (con vistas).

Hotel Arena (F D4)
→ *Kartes'-Gravesandestraat, 51*
Tel: 850 24 10
www.hotelarena.nl
Al sur de Plantage y a 5 min. del Tropenmuseum, soberbio hotel Art Noveau con habitaciones amplias y luminosas, a veces dispuestas en forma de *loft*. Discoteca que atrae a una clientela joven. 110-150 €, desayuno 16 €.

Hotel Seven Bridges (D C2)
→ *Reguliersgracht, 31*
Tel: 623 13 29
www.sevenbridgeshotel.nl
Mármol, plantas verdes y estilo Biedermeier. Habitaciones cómodas (una con chimenea) y decoración refinada (parqué de roble, molduras, alfombras...). Vistas al canal o al jardín interior. 110-260 €.

Hotel Orlando (D E3)
→ *Prinsengracht, 1099*
Tel: 638 69 15

www.hotelorlando.nl
Hotel refinado en una hermosa vivienda de 1688. Cinco habitaciones espaciosas y bien decoradas: parqué de roble, muebles del xix, cuidado por la iluminación... 115-155 €.

120 € Y MÁS

The Bridge Hotel (D E3)
→ *Amstel, 107-111*
Tel: 623 70 68
www.thebridgehotel.nl
En la orilla derecha del Amstel, enfrente de las esclusas, un hotel con habitaciones cómodas y elegantes. 130 €.

NH Schiller (D C2)
→ *Rembrandtplein, 26-36*
Tel: 554 07 00
www.nh-hotels.com
Gran hotel modernista, conocido también por su precioso café-restaurante. Se recomiendan las habitaciones con vistas a la plazoleta. A partir